百貨店経営

—再生への道標—

坪井晋也

創成社新書
67

はしがき

「百貨店は構造的不況業種」といわれるようになって久しい。当然のことながら、これまでも、その経営不振が深刻化するほどにさまざまな問題点が指摘されてきた。しかしながら、各社によって多少のバラツキはあるとしても、百貨店はそうした指摘に対して、本質的、本格的に十分対応してきたといえるであろうか。

百貨店の衰退傾向が顕現化していくなか、少なくとも消費者の視点から認められるような、「百貨店における構造的変化」というものは、ほとんどみられなかったといわざるをえないのではないだろうか。

こうした問題提起にもとづき、百貨店経営に関する研究の新たな展開に向けて、主に経営学的見地から執筆し、筆者としては初めて書籍として刊行するにいたったのが拙著『百貨店の経営に関する研究』（２００９）学文社、であった。

当初、本書の企画としては、この拙著をベースとして、その後に発表した研究論文などを中心として、必要に応じて加筆修正するという程度のイメージであった。しかしいざ始めてみると、あらたな疑問、あらたな関心事、百貨店経営のさらなる深刻化、さらに新書を意図した内容などなどを背景として、大幅な加筆修正となった。

そこで大幅に加筆した代表的な部分と、変わらぬスタンスの部分について、説明しておきたい。

あらたに加筆した代表的部分としては、本書の第4章「戦前期の松坂屋静岡店」があげられる。本書においてはもともと近年の百貨店経営の問題点をさぐるうえで、その比較対象としての昭和初期における百貨店の動向に注目している。そうしたことから、比較的早い企画段階より筆者が所属する大学の地元、静岡にあって、昭和7年に開店した松坂屋静岡店にふれることを企図していた。しかしこれは困難な作業であった。松坂屋静岡店については、松坂屋編『松坂屋百年史』(2010)などの松坂屋社史のなかでの部分的な紹介のようなものはいくつかみつけることができた。ただし筆者が求めていたような戦前期の松坂屋静岡店の、営業活動等に焦点を当てた文献、資料などは、国会図書館や地元、静岡県立中央図書館、地域資料のコーナーなどをはじめさまざまなところを探してみたが、まとまった文献、資料などをみつけることは難しかった。

松坂屋静岡店自体が、

・1940年（昭和15年）静岡市大火により静岡店類焼
・1945年（昭和20年）戦火により本館地下1・5階を残し付属建物とともに消失

と、2度も火災にみまわれたことから、松坂屋静岡店自体にも開店当時に関する資料が残っているとはおもえなかったが、今回、幸運にも開店当時、松坂屋静岡店で働かれていた方々の生の声が記録されている資料にめぐり合うことができた。当時の社員同士の発言記録であり、調べられる範囲で解説をくわえることで1つの章としてまとめることができた。このことは地元、静岡の経済を長年にわたって支えてきた松坂屋静岡店の歴史の一端を、書籍という形でその記録を残せたという意味において、意義のあることだと考える。

変わらぬスタンスの部分については、百貨店経営不振の本質を論じるうえでの筆者のアプローチのスタンスである。この本質については筆者が大学院時代から考え続けてきたことであるが、試行錯誤のうえたどり着いた「企業文化」という概念で、本質を説明することが最も適切と考えるにいたったことに他ならない。この部分は筆者が本書を執筆するうえでも変わらぬスタンスと位置づけられよう。

本書の執筆をすすめていくほどに、今日の百貨店は大きな転換点にあるととらえている。正確には、否が応でも転換せざるをえない状況に追いこまれつつあるという方が適切かもしれない。サブタイトルを「再生への道標」とした理由もここにある。今後、企業文化変革の取組みを前提としつつも、百貨店各社の経営者の考え方、経営戦略の異なりによって百貨店のめざす姿にも大きな異なりがでてくるものとおもわれる。つまり一概に百貨店の経営的方向性を論じることは難しいと判断したことから、道標という表現を用いたものである。

本書を読まれることで、百貨店経営における再生への道標について考える際、多少なりとも理解の一助になることを願っている。

目次

第1章　序　論

1　はじめに

本書は、百貨店が第一義的に取り組むべき経営的課題としての、その本質を探ることで、「百貨店経営不振の本質とその経営的方向性」について論じることを目的としている。

本書においては以下のような問題意識があげられる。

周知のとおり、小売業をその業態別でみたとき、ひときわ経営不振をかこっているのが「百貨店」という、小売業態に類型化される企業群といえよう。近年では衰退する業態というイメージが定着した感も否めないが、経営学的な視点から、あらためて論じてみたいとおもう。

図表1－1　百貨店売上高推移（1955～2021）

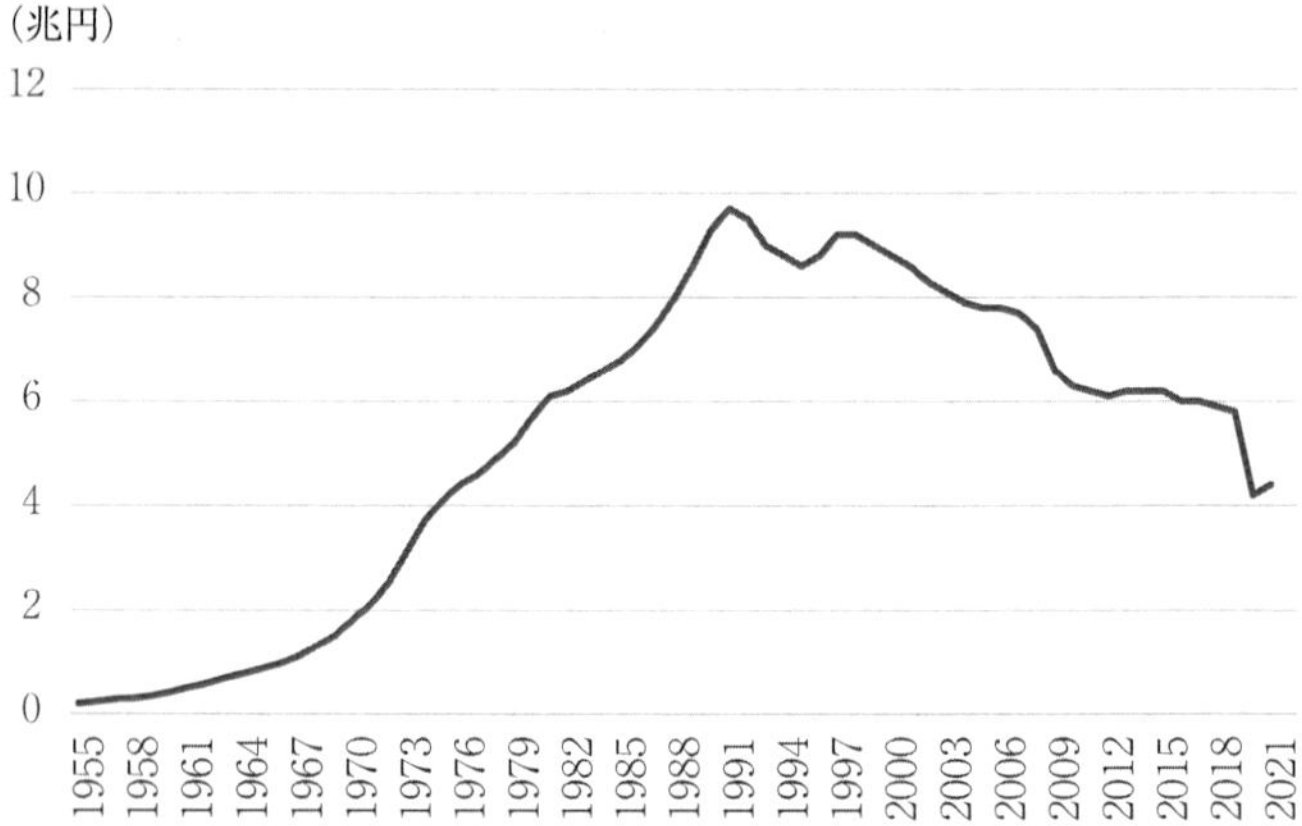

出所：日本百貨店協会統計資料により筆者作成。

図表1－1「百貨店売上高推移（1955～2021）」から明らかなように、売上高の推移としてピーク時の1991年には9・7兆円ほどであったものが、その後のほぼ一貫した低落傾向から2019年には5・8兆円ほどと、およそこの30年ほどの間に4兆円ほど減少している。

なお業績に関する数値は、新型コロナウイルスの今後の見通しの不確実性の高さから、その影響を受けている2020年以降については、その影響を考慮しなくてはならない。

百貨店の衰退傾向自体はこれら以前より指摘されてきたわけであるが、近年のこうした推移をみるだけでも明らかなように、百貨店はとりわけ、その売上高が初めて前年を下回る１９９０年代初頭より近年まで、経営不振を打開できない結果となっている。

具体的にはどのような状況なのか。近年の百貨店の動向を示す代表的な記事をいくつか引用してみたい。日本経済新聞（２０２０年8月10日付）によれば、

『地方での百貨店閉鎖が止まらない。郊外型商業施設やネット通販といった競合への劣勢に加え、新型コロナウイルスによる外出自粛が追い打ちとなっている。百貨店の撤退は都市中心部に巨大な空き家・空き地を生み、街のにぎわいを損なう。跡地利用が決まらなければ都市の衰退が加速するだけに、地域の悩みは深い。・・・百貨店の撤退は地方都市にとって大きな打撃で、跡地利用は地域の大きな課題だ。19年1月末に閉鎖した棒二森屋（北海道函館市）では、跡地の再開発計画が閉鎖直後から動き出した。26年3月をめどに、ホテルなど高さ約85メートルの高層ビル2棟を中心とした複合施設を開業する予定だ。再開発の始動が早かったのは、再開発準備組合が「百貨店としての再生」を追わなかったうえ、行政が手厚く支援することが大きい。棒二森屋は函館駅前の一等地にあった。函館市は住宅・公共施設を含む再開発を「市民と観光客が交流する場づくり」と位置づけ、事業費１９０億円のうち市と国の支援分を各25億円程度と想定している。

19年9月に閉鎖した山交百貨店（甲府市）も、跡地利用策が素早く決まった。家電量販店のヨドバシカメラがＪＲ甲府駅前の建物をそのまま利用し、21年春ごろ開業する予定だ。甲府商工会議所など地元経済界は、駅前から街に人が回遊する「集客の要」となるのを期待しており、ヨドバシも飲食店などを含む複合施設にする方針を示している。一方、跡地利用策がスムーズに進まない例も目立つ。新潟市の中心街で20年春に営業を始めた複合ビル「古町ルフル」は、百貨店の大和新潟店が10年に撤退した後、開業まで10年かかった。19年9月に閉鎖した伊勢丹府中店（東京都府中市）では、賃貸借契約を巡って地元のビル運営会社が百貨店を提訴（すでに和解）した。・・・日本百貨店協会によると、２０１９年の全国百貨店売上高は５兆７、５４７億円で、ピークだった１９９１年の約６割に落ち込んでいる。19年末の全国の店舗数は２０８店で、10年前の09年（２７１店）から2割減った。大都市圏では百貨店各社の主力店舗がなお高い競争力を保っているが、地方や郊外では大型ショッピングモールやインターネット通販などに客を奪われている。地方では１９８０年代後半のバブル経済期まで、多くの自治体が百貨店や大型スーパーといった大型店の誘致で地域経済の活性化を目指してきた。90年代以降の地方の衰退は人口流出などが主な要因だが、百貨店の集客減少と連動して中心市街地の空洞化が進んだ側面もある。地方が進めてきた、百貨店頼みのまちづくりは限界に近づいている。・・・』

記事からは、大都市圏での百貨店各社の主力店舗はなんとか競争力を維持しているものの、地方や郊外の百貨店では、大都市圏への人口集中などの構造的問題にくわえて、大型ショッピングモールやインターネット通販などの影響から厳しい経営を強いられていることがうかがえるであろう。

百貨店がこうしたきびしい状況に陥った背景、原因については繰り返しさまざまなことがいわれてきたが、その多くは、「百貨店は構造的不況業種」に端的に象徴されるように、好不況に左右されるといった一時的なものではないという趣旨のものである。

ちなみに百貨店の売上高が減少に転じた1990年代初頭、日本経済新聞社が全国の有力な地方百貨店経営者を対象にアンケート調査を実施したところ、全体の73・0％が経営の現状について、「既に構造不況に陥っている」、「このままでは構造不況になってしまう」と回答している。具体的には、「既に構造的な不況に陥りつつある」が11・5％、「このままでは構造不況業種になってしまう」が61・5％で、合わせると7割以上が構造的な問題を抱えていると認識している。これに対し、「不振は一時的でやがて回復する」は19・3％、「構造不況や不振という認識はなく業績は底堅い」は7・7％に過ぎない。危機意識を持つ最大の理由は、競争の激化。９割近くが、「他の大型店、異業態の出店に伴う競争激化」（88・５％）をあげている。しかも、ライバルとなる業態はＧＭＳ（69・６％）、大手百貨店（47・８％）、安売りの新業態（43・５％）などに広がっている。競争激化に次いで多いのが、「固定費増大で収益体質が悪化している」（57・７％）だが、このほか、「地域の人口流出、高齢化で購買力が低下」（19・２％）、「社員の高齢化が進み組織活性化が遅れている」（７・７％）、「資金調達力が弱い」（７・７％）など地方百貨店特有の理由が続いている（日経流通新聞１９９３年７月８日付）。

これらの調査から30年ほど経ったが、少なくとも百貨店売上高の推移や地方百貨店の状況をみる限り、残念ながら当時、１９９０年代初頭の調査結果としての危機感が現実のものとなっているといえよう。

さらにくわえて当時の別の調査結果として、百貨店で実際に店頭を指揮し商品仕入をしているミドルへの調査（日経流通新聞編１９９３、１６６頁）からは、百貨店経営不振の問題として「固定費の高さ」、「問屋依存の商品政策による粗利の低さ」、「商品企画力の低さ」が上位を占め、日々顧客に接し需要動向を細かく把握しているのが本来、百貨店の強みだったはずが、「委託仕入とそれに伴う派遣店員制度」への依存などで、その強みが失われてきたことへの危機感がみてとれる。以上のような指摘は、とくに１９９２年以降、百貨店の経営的危機が深刻化するほどに繰り返されてきたことである。

さらに、静岡新聞（2021年3月3日付）によれば、

『経済産業省は2日、地方を中心に苦境にあえぐ百貨店の再生策を議論するため、有識者や業界関係者らによる研究会（座長・伊藤元重学習院大教授）の初会合を開いた。・・・同省の畠山陽二郎商務・サービス審議官は「百貨店は待ったなしの変革が必要だ」と活発な議論を呼び掛けた。百貨店は高度成長期を通じて豊かになった日本の消費文化を支えたと評価される一方、1990年代のバブル崩壊を機に売り上げの減少傾向が続く。近年は郊外の大型商業施設やインターネット通信販売の台頭に、新型コロナウイルス感染拡大に伴う外出自粛が三重苦となり、閉店ラッシュの波が地方から都市圏に及び始めている。研究会では少子高齢化に伴う人手不足、食品ロス削減といった社会的な課題にも対応できる百貨店再生策について討議。商品需要の多様化を踏まえITを活用した調達・販売の効率化、働き方改革を支える営業時間・休日の拡充などが課題に挙がった。日本百貨店協会によると、昨年は大沼（山形市）、中合（福島市）の老舗を含む12店が閉店し、全国店舗数は半世紀ぶりに200店を割り込んだ。議論には公正取引委員会も参加。物流・在庫管理などコストがかさむ分野で、競合百貨店同士が独禁法に抵触しない範囲で協力できる方策も話し合う。研究会で出席者の一人は、従来のインバウンド（訪

日外国人旅行者）増加が逆に業界の構造改革停滞の一因になったと指摘。「新型コロナウイルス禍を機にビジネスの在り方を見直すべきだ」と訴えた。』

この記事からは、地方百貨店の閉店ラッシュから、「百貨店は待ったなしの変革が必要だ」としつつも、百貨店業界においては、なかなか目立った変化がみえていないことを示しているであろう。

ここまでの記述からも明らかなように、百貨店における経営的側面として看過できないのが、さまざまな外部からの指摘にくわえて、自らも問題があることを認識しつつも、なかなか変わることができないでいることであろう。つまり、

・環境への適応性に問題を抱えている

といえるのではないだろうか。もっといえば、百貨店の経営組織自体に、問題を抱えていて、経営環境への対応がうまくいっていない、といいかえれるかもしれない。いうまでもなく小売業である百貨店は変化対応業である。変化に対応できなければ市場から撤退を余儀なくされるのは当然のことであろう。

ではどうして、百貨店はこのような指摘をなされるにいたってしまったのか。この切り口

から議論を展開するうえで、まずは、百貨店の歴史的な部分についておさえておきたいとおもう。

参考文献

坪井晋也（２００９）『百貨店の経営に関する研究』学文社。
日経流通新聞編（１９９３）『百貨店が危ない』日本経済新聞社。

第2章　百貨店の歴史的考察

この章ではまず、本書における百貨店の定義を示したうえで、百貨店の歴史的な部分について考察したいとおもう。

1　百貨店の定義

百貨店という業態についての定義として、たとえば、

・「商業統計」では、衣、食、住、にわたる各種の商品を販売する事業所で、その事業所の性格上いずれが主たる販売商品であるか判別できない事業所であって、従業者が常時50人以上のもので、総合スーパーが含まれる。

・「商業販売統計」では、日本標準産業分類の百貨店のうちセルフ店に該当しない商店で

あって、かつ、売場面積が一定以上（特別区、政令指定都市で３、０００㎡、その他の地域で１、５００㎡）の商店。

・「日本百貨店協会」では、物理的に独立した店舗面積が１、５００㎡以上のもので、当協会に加盟している百貨店。

となっており、百貨店を厳密に定義することはむずかしい（関根２００５、51頁）。が、これらをふまえたうえで、本書においては、「業態は小売ミックスのパターンから分類される（池尾１９９７、１２５頁）」との立場から、百貨店の定義づけをおこないたいとおもう。百貨店における小売ミックスというものを整理すると、

・ワンストップ・ショッピング機能
・買回品を主体に最寄品までの多様な商品構成
・多種類のサービス機能
・対面販売、定価販売といった特徴的販売方式

といったものがあげられよう。これらにくわえて、近年、百貨店との間でその競合の度合い

が増しているとされる都心部立地の駅ビル、ファッションビルといった商業ディベロッパー、テナント業と区別する意味から、「賃貸売場の単なる集合ではなく単一資本による統一性を有する」ことをあげておきたい。

よって、以上の内容をふまえ、本書における百貨店の定義を、「一つの建物で、買回品を主体に最寄品までの多様な商品、多種類のサービスを取り扱い、対面販売、定価販売といった特徴的販売方式を用い、賃貸売場の単なる集合ではなく単一資本による統一性を有する大規模小売業」とする。

2　百貨店の歴史（〜1991年）

百貨店はいずれも総じて長い歴史を有していることから、図表2－1「百貨店略年表（〜1991年）」を用いてその生い立ちから、売上高ピークの1991年までを概略的に整理してみたいとおもう。

図表2－1「百貨店略年表（〜1991年）」からわかる主なこととして、

・松坂屋や三越、大丸、高島屋、伊勢丹、松屋など呉服店から百貨店化した呉服系百貨店

図表2－1　百貨店略年表（～1991年）

西　暦	できごと
1611（慶長16）	いとう呉服店（松坂屋）が尾張で開業。
1662（寛文2）	白木屋が小間物店として江戸で開業。
1673	三井高利が江戸で呉服店越後屋（三越）を開業し現金定価販売を始める。
1717（享保2）	大文字屋（大丸）が京都で開業。
1831（天保2）	たかしまや（高島屋）が京都で開業。
1886（明治19）	神田旅籠町に伊勢屋丹治呉服店（伊勢丹）を創業。
1904	株式会社三越呉服店を設立。初代専務に日比翁助が就任，「デパートメントストア宣言」を発し，日本初の百貨店となる。
1910	株式会社いとう呉服店（松坂屋）が発足。名古屋市栄町角に名古屋地方初のデパートメントストアとして名古屋店を新築開店。
1919（大正8）	株式会社高島屋呉服店が発足。1907年には増築し，販売方式も陳列式デパート方式をとるなど新しい試みを行う。株式会社松屋鶴屋呉服店（松屋）を設立。
1920	株式会社大丸呉服店が発足。1922年デパート業界で初めての週休制（月曜定休日）を実施。
1923	（三越）関東大震災により本店罹災，東京市内8ヵ所にマーケットを開設。 （松屋）銀座ビルディングを含む主要店舗を焼失，店舗の一時帰休。
1924	（伊勢丹）関東大震災後，百貨店形式にする。 （松屋）商号を「株式会社松屋呉服店」と改称。
1925	（松坂屋）商号を「株式会社松坂屋」に統一。

1928（昭和 3）	「株式会社三越呉服店」の商号を「株式会社三越」と改める。 商号を「株式会社大丸呉服店」から「株式会社大丸」に改める。
1929	阪急百貨店が大阪梅田駅ビルに世界最初のターミナル百貨店を開店。地下 2 階，地上 8 階という，当時では群を抜いた規模を持ち，従来の高級百貨店としてではなく，より多くの人々に親しまれる新しい百貨店を目指す。
1930	「株式会社伊勢丹」が発足。 （高島屋）商号を「株式会社高島屋」と変更。
1934	東京横浜電鉄株式会社（東京急行電鉄株式会社）の百貨店部として，東横百貨店（東急百貨店東横店）創業。
1937	第 1 次百貨店法が施行され，百貨店の営業が許可制になる（1947 年廃止）。
1947	阪急電鉄より分離独立し，株式会社阪急百貨店設立，開業。
1948	（松屋）商号を「株式会社松屋」に変更。
1951	1946 年に戦前から親しまれていた「阪神マート」に改称し，1951 年，売場面積 2,000 坪の小規模ながら「阪神百貨店」と店名を改めた。
1956	第 2 次百貨店法が施行され，百貨店の営業が再び許可制になる。
1957	阪神電鉄は鉄道運輸とは事業の内容が全く異なる百貨店部門を分離独立させ，1957 年株式会社阪神百貨店を設立。
1960	この頃ターミナル百貨店の設立が相次ぐ。
1972	三越が年間売上高でダイエーに抜かれる。
1974	百貨店法が廃止され，大規模小売店舗法が施行される。

1982	三越本店でPOSシステムを導入。三越で押付け販売等の問題が発生。
1985	わが国最大規模の横浜そごうが開店（売場面積　68,000㎡)。 伊勢丹が神奈川県相模原に新郊外型百貨店を開店。
1991（平成3）	松坂屋名古屋店が増床,「巨艦店」ブームが続く

出所：関根（1999, p.99），各社のホームページにより加筆，修正。

と、阪急百貨店、東急百貨店、阪神百貨店など、電鉄会社を母体として設立された電鉄系百貨店、という大きくは2つのタイプに分けられる。

電鉄系百貨店の主なものとして他に、名鉄百貨店、東武百貨店、小田急百貨店、京王百貨店などがあげられる。

・1904年の株式会社三越呉服店「デパートメントストア宣言」以降、百貨店化を推し進めるうえでの資金調達の必要から、株式会社への移行が多くみられる。その後、各社順次、商号から「呉服店」が取れていく。

たとえば1925年（大正14）株式会社松坂屋、1928年（昭和3）株式会社三越、同年、株式会社大丸、1930年（昭和5）株式会社伊勢丹、同年、株式会社高島屋などであるが、その商号変更時期として、1923年（大正12）関東大震災後、昭和初期にかけて多くみられることが1つの特徴であるといえよう。

・1937年第1次百貨店法が施行され、百貨店の営業が許可制になるが、その背景の主なものの1つとして、関東大震災後、昭和初期にかけての百貨店の大衆化があげられ、結果として中小小売商に影響を及ぼしたことが指摘される。

また1956年、第2次百貨店法が施行され、百貨店の営業が再び許可制になる。その背景としては、1945年終戦後、百貨店の急速な復興から、再び中小小売商に影響を及ぼしたことによる。

この点について岩永（2009、121頁）によれば、百貨店は1953年の消費景気によって、戦後の消費景気を独占し、戦時中からの資本蓄積を基礎に、急速に発展した結果、百貨店間だけでなく中小小売商との競争も激化して、1956年、第2次百貨店法が立法化された、としている。

なお1953年の消費景気とは、「昭和29年　年次経済報告　経済企画庁（注1）」によれば、戦後の国民消費水準が、1953年（昭和28）においても引き続いてさらに13%の大幅な上昇を記録し、前年において1934年～1936年（昭和9～11）平均水準の96%とほぼ戦前並みに到達していた消費水準は、1953年には遂に109%と戦前を約1割弱凌駕するにいたった、としていて、日本経済の戦後の復興を示すものである。

3　百貨店の歴史（1992年〜）

次に、図表2－2「百貨店略年表（1992年〜）」を用いて、百貨店売上高のピークであった1991年のその後、1992年から近年までの、ほぼ一貫して低落傾向である百貨店の歴史を概略的に整理してみたいとおもう。

なお1990年代初頭から2000年代初頭の10年間ほどの経済低迷期間は、「平成不況」あるいは、いわゆる「失われた10年」ともいわれるものである。その後も「失われた20年」、「失われた30年」と、近年までも経済の停滞が続いているとされる。

図表2－2「百貨店略年表（1992年〜）」からわかる主なこととして、

・そごう、グループ22社の実質的な倒産が象徴するように、百貨店という業態の危機が鮮明化しているといえよう。

・また前述したように、とくに地方での百貨店の閉鎖、閉店等が年を追うごとに増加する傾向がみられる。

・大手百貨店間においては、危機的状況を背景とした経営統合の動きが顕著となっているよ

図表2－2　百貨店略年表（1992年～）

西　　暦	できごと
1992（平成4）	百貨店売上高（協会統計）が戦後初めて前年実績割れ。
1994	百貨店とスーパーの総売上高逆転（商業動態調査）。
1996	新宿高島屋開店。
1997	JR京都伊勢丹開店，福岡三越開店。
1999	東急百貨店，日本橋店（旧白木屋）閉鎖。
2000	そごう，グループ22社，民事再生手続きを申請。JR名古屋高島屋開業。
2001	和歌山丸正百貨店，浜松松菱など地方百貨店の撤退相次ぐ。
2003	そごう，西武百貨店がミレニアムリテイリング傘下に。大丸札幌店開店。産業再生機構，うすい百貨店と津松菱の再生支援を決定。
2004	小倉伊勢丹開業。松坂屋大阪店閉店。
2005	三越，新宿店を専門店ビルに業務転換。
2006	セブン＆アイ・ホールディングス，ミレニアムリテイリングを完全子会社化。西武百貨店静岡店閉店。
2007	大丸と松坂屋ホールディングスが経営統合。 阪急百貨店と阪神百貨店が経営統合。
2008	三越伊勢丹ホールディングス発足（経営統合）。 そごう・西武誕生。今治大丸閉鎖。横浜松坂屋閉店。
2016	そごう柏店閉店。
2017	三越千葉店閉店。
2018	丸栄，伊勢丹松戸店など閉店。
2019	大丸山科店，伊勢丹府中店，ヤナゲンなど閉店
2020	三越日本橋本店新館に「ビックカメラ」オープン。 大沼破産申請。新潟三越，高島屋港南台店，中合など閉店。

出所：松坂屋百年史（2010, pp.381-387），各社のホームページにより加筆，修正。

うにみえる。

このように百貨店の表面的な歴史をみるだけでも百貨店売上高の推移に沿う形で、1991年以前については、どちらかといえば積極的な経営姿勢と評価されるのに対し、1992年以降については消極的な、あるいは守りの経営姿勢の傾向とみえることは否めないであろう。なぜ、このようなことになってしまったのか。これら1991年以前と1992年以降の百貨店における経営姿勢の異なりを明らかにするために、百貨店が経験してきた2つの不況期に注目してみたい。

結論的にいえばその注目すべき不況期とは、1つは関東大震災後、昭和初期にみられた昭和恐慌である。もう1つはバブル経済が崩壊した1990年代初頭から2000年代初頭の10年間ほどの経済低迷期間、平成不況である。

この2つの不況期に注目する理由として、まず1つには近年の経済環境としての平成不況と当時の経済環境としての昭和恐慌には類似点が多いとされていることである。もう1つには、近年の百貨店のもつ特徴的諸形態の原形が昭和初期において確立されている（高島屋編1968、14頁）という事実からも、比較・検討に値する条件がそなわっていると考えられるからである。つまりこの類似点が多いとされる、2つの不況期における百貨店の対応の仕方を考察することで、1991年以前と1992年以降における百貨店の経営姿勢の違いを検証してみたいとおもう。

4　昭和恐慌と平成不況の類似点

『昭和2（1927）年には、政府は大震災によって決済不能になった手形の処理をはかったが、その際、一部の銀行の経営状態の悪化が表面化したため、取付け騒ぎが発生して、多数の中小銀行が破産に瀕し、金融界に大きな混乱がおこった→金融恐慌。昭和4（1929）年に成立した浜口雄幸内閣は、財界からの要望もあって経済の本格的な整理をめざし、欧米にならって金解禁を実施して、財政の緊縮と産業合理化をはかり、物価を引き下げて国際競争力を強化しようと試みた（鳥海1978、309頁）』

『こうして、昭和5（1930）年1月には金解禁が実施された。しかしその前年10月にアメリカにおこった経済恐慌はヨーロッパにも広がり、ちょうど金解禁実施当時には深刻な世界恐慌に発展しつつあった。そのため日本はかえって「嵐に雨戸を開く」結果となった。生糸を主とする対米輸出が激減したのをはじめ、輸出は大幅に減退し、国際収支はいっそう悪化して、金（正貨）が大量に海外に流失した。そして、工業生産は低落して企業の操業短縮や倒産が相つぎ、産業合理化によって、人員整理や賃金切下げがおこなわれ、失業者が増大するなど、日本経済は激しい恐慌に見舞われた→昭和恐慌（鳥海1978、310頁）』

このように昭和2年の金融不安に始まり、深刻な不況へと移行する様は、近年の平成不況と類似しているといえるが、その各々の概況においては他の不況期とそう変わるものではない。しかしながら、近年の経済学の研究分野においても昭和恐慌と平成不況との比較が論じられる1つの理由となっていて、他の不況期とは一線を画す類似点が1つ指摘される。

橋本（1984、165頁）によれば、「昭和恐慌の特徴」として「物価の激しい低落」を特徴としていて、卸売物価はほぼ3年間にわたって持続的低落であったという。

一方、「平成不況の特徴」についていえば、白川（1995、133－136頁）は「戦後最大の経済活動の落ち込みとディスインフレの進行」とし、名目GDPの停滞の背景として、ディスインフレの進行という過去の景気局面ではみられない特徴があったとしている。

本多（1995、1－13頁）においても「デフレーション下の日本経済」として、デフレという特徴をもつ経済環境のもとでの「日本経済の現状」について、短期的および中長期的視点からの説明をおこなっている。

こうした議論をとおして大谷（1995、54頁）は、日本の本格的デフレを語るには、昭和恐慌が最も適しているとして、近年の平成不況と昭和恐慌に至る多くの類似点を指摘している。

こうしたデフレを日本経済はこれまでにおいて何度か経験しているが、きびしいデフレ現象の代表的なものとして、明治14年から18年くらいまでの「松方デフレ」、それから前述の「昭和恐慌」、そして今回の「平成不況」と3つあげられる。これらはいずれもその不況に至るプロセスにおいて非常な好況の反動という同じ性格をもち、とりわけその反動のきつさから、きびしいデフレという形で当時の日本経済、産業に深刻な影響を与えている。

つまり関東大震災後、昭和初期にかけては平成不況と重なる部分も多くあり、経済的には非常に厳しい環境であったが、そうしたなかとくに近代百貨店創成期とされる昭和初期の恐慌下にあった百貨店はどのように対応したのであろうか。

5　昭和初期における百貨店業態としての展開

5－1　基本的経営政策

昭和初期における百貨店業態としての基本的経営政策の展開の様は、一言でいえば「大衆化」と表現されるであろう。たとえば、わが国の代表的百貨店の1つで、わが国の百貨店の歴史そのものともいえる三越の歴史をたどってみても、もともと上流階級を顧客として成長してきたのであるが、第1次世界大戦（1914～18）の特需景気から日本経済は急速に拡大し、それに伴い、工業主導型の経済構造、人口の大都市集中、中産階級の登場とこうした流れに適応すべく、1915年頃より積極的な大衆化路線を打ちだしている（梅本1988、74－75頁）。しかしわが国の百貨店が本格的な大衆化路線を歩むようになるのは、1923年の関東大震災以降となる。関東大震災をきっかけとして三越も大きく変化したのだが、直接的に変化をもたらされたものが日用必需品の販売であり、本店をはじめ、市内各所にマーケットをつくり、特価販売したが、いずれも市民の好評を博したと記されている（高橋1972、112－113頁）。

こうした成功は、他百貨店も同様であり、従来の百貨店が呉服を中心とする高級品を扱い、一部の上層階級のものであったのから、日用必需品という大量生産されるものも扱うことで、一般市民においてもなくてはならない存在となっていったのである。（高橋1972、114頁）。

昭和初期における大衆化への系譜は、図表2－3「三越売場構成の変遷」からもよくみてとれる。大正14年10月時点と昭和4年12月時点での売場構成で異なる点として、前述のように飛躍的に日用品のアイテムに属するものが増加している。

たとえば、大正14年にはなく昭和4年には扱っている商品として、学生服、県服格安品、自転車、煙草、木炭、石炭等にくわえて食料品関係のものも増えており、このことからも昭和初期において百貨店が急速に大衆化の道をたどったことがわかる。と同時に、昭和4年の売場構成を詳細にみてもらえばわかるように、商品によっては名称等、時代的異なりからくる相違点はいくつかみられるものの、売場構成の実質的内容からして、大衆化した近年の百貨店売場構成とほぼ同様であるといっていいであろう。

さらに大衆化への歩みは、百貨店の食

図表2－3　三越売場構成の変遷

大正14年10月	
7階	ギャラリー
6階	写真撮影室　新美術　和食器　催物会場
5階	催物会場　食堂
4階	催物会場　蒲団　綿　木綿類　半襟小物　帛紗　蚊帳　モスリン　既製品　風呂敷
3階	楽器　ラジオ　洋傘　袋物　帯地類　友禅　模様　御召　白生地　玩具　運動具　ショール　組糸　着尺類　紋付　色絹地　特別陳列場　御婚礼調度品
2階	子供服飾品　貴金属　靴鞄　履物　雑貨　帽子　洋服　時計　髪飾　雨傘　洋品
1階	商品券売場　文房具　萬御相談承り所　洋食器　銘茶　食料品　化粧品　図書　薬品　鰹節　菓子
地階	花卉　果物　お買上品差上所　種物

図表2－3　つづき

昭和4年12月	
7階	小鳥　花卉　理髪室　催物場　盆栽　金魚　美容室　ギャラリー
6階	美術工芸品　漆器　三越ホール　和食器　第二食堂
5階	和洋家具　ラジオ　蓄音機　第一食堂　電機器具　楽器，楽譜　写真撮影
4階	洋服　二重廻し　毛皮　婦人子供服飾品　ベビー用品　時計　袋物　催物会場　外套　雨着　婦人子供服　学生服　髪飾　貴金属　糸ミシン
3階	呉服　半襟　婦人コート　呉服細工　袖模様　呉服格安品　御召　白生地　御婚礼調度品承り所　既製品　帛紗　風呂敷　友禅帯地　紋付　高貴織　銘仙　色絹地
2階	玩具　乳母車　図書　文房具　洋品　モスリン　唐物　蒲団　蚊帳　運動具　自転車　雑誌　靴，鞄　帽子　木綿　夜具　綿
1階	化粧品　度量衡器　ショール　足袋　写真機　洋食器　食料品　缶詰　菓子　銘茶　御贈答用品御相談承り所　ツーリストビューロー　薬品　洋傘　履物　雨傘　煙草　木炭，石油　和洋酒　海苔　鰹節　果物　商品券売場　鉄道案内
地階	マーケット　御買上品御渡所　御頂品差上所　第三食堂　御届品承り所　御忘物承り所

出所：株式会社三越85年の記録（1990，p .300)。

堂の系譜ともよく歩調をそろえている。日本における本格的な百貨店直営の食堂ということで、明治40年（1907）に三越が165平方メートルの広さをもったものを開設し、家族連れに人気を集め、その後この成功から食堂の拡張が次々とおこなわれ大正11年（1922）には洋食が多く提供されるようになり、近年ではなつかしい旗の立ったお子様ランチが昭和5年（1930）に価格30銭で登場と、着実に百貨店の大衆化が進展したことをうかがわせる（吉田1999、88－90頁）。

そして総括的に述べるならば三越での部門別売上高構成にみられる商品別区分は、大きく衣料品、雑貨、家具・家庭用品、食料品・食堂、その他となっているが、昭和初期の売場構成からして、基本的部分において、ほぼ近年の百貨店に匹敵するアソートメントの幅を有していたといえるであろう。

5－2　営業政策

昭和初期における百貨店業態としての展開の様を述べるうえで、ふれなければならないことの2つ目として、当時の恐慌時における百貨店の営業諸政策があげられる。以下その代表的なものについて項目別にいくつかみてみよう。

出張販売

出張販売自体はすでに大正後期から重要な販売活動としておこなわれてきたものである。堀（1937、158－159頁）によれば、百貨店の出張販売は資本主義発展上の客観的情勢とわが国の特殊事情により、わが国に特異の発展をみたもので、その萌芽は明治時代（注2）にみることができるものの、出張販売の注目すべき進展は震災後を境として、特に百貨店の収益率が減少しはじめた転換期ともいうべき昭和3年およびそれ以降の不景気の進行につれて、その出張回数の増加、出張地域の拡大は顕著である。こうした動きを各社の営業報告書の記述から追うと、たとえば、

三　越　昭和3年下期「当期は・・・何分多年不況の跡とて予期程に立直らず然るに当店は幸に一般の著しき同情に依り本支店出張所共近年になき売上高の増加を示し・・・良好の成績を収め得たる・・・」

高島屋　昭和4年下期「・・・経済界の萎縮不振は当期に入り極度に達せるかの観あり、当社はこの間に処し専ら生活必需実用品の販売につとめ、地方への進出近郷への宣伝等時代に適応せる販売機能を発揮し・・・その成果著しきものあり・・・」

とあり、後の中小小売商との対立を予感させるがごとく、当時の不況に対応すべく積極果敢な営業姿勢をうかがわせるものである。

廉　売

これは前述の「大衆化」としての具体例である関東大震災直後の日用品廉売の成功と深くかかわっており、その後の実用品等、品ぞろえ拡大、大衆化路線へ、といった延長線上にあるものである。営業政策を大きく大衆化路線へと転換したことにより、デフレ現象下の恐慌時においては、そうした大衆の窮状という市場環境に適応すべく相当な規模での廉売が、繰り返しおこなわれていた。

近年とは異なり当時の百貨店研究については比較的充実していたといえ、近年の批判的議論とは異なり、成長業態としての百貨店が、中小小売商に与える影響を中心的なテーマとしながら、百貨店の意義を考察する形で議論が展開されているものが多く（藤岡２００１、89－91頁）、そうした文献のなかで、経営学的見地から百貨店経営を論じたもので、「廉売」に関する興味深い記述部分について紹介したい。水野祐吉の『百貨店経営学』において、百貨店のＭＤについてふれている部分（２１３－２１６頁）であるが、以下はその一部抜粋・要約である。

・仕入および販売に関する一般商品政策中最も重要なるものは安価主義でいくか、品質主義でいくかの問題である。
・競争の厳しい現世にあっては、標準化された商品は、特に百貨店においては、その価格に高低を見出しえる余地はない。なぜなら、近年何れの百貨店においても市価調査員なるものが活動し、もし他店に安く販売するものを発見すれば、限日その高かった店内商品の値が引き下げられているからである。
・今日、各百貨店の信条をうかがうに、何れも品質の優良と価格の低廉との双方を共に標榜していることが知られる。
・もともと三越は高踏的な販売政策をとってきただけあって、安物を標榜するような販売方法はとらなかったが松坂屋は、実用品の大商店であって、徹頭徹尾安価主義で押し通してきた店である。
・松坂屋は昭和4年11月東京、大阪、名古屋の主力新聞に2割の値下げ断行の広告、次いで、高島屋の値下断行大蔵払、白木屋の特定雑貨半額割戻等の商略発表、しかるに三越も、従来、譲らなかった高踏政策も時代の潮流に抗してはいかんともなしえず廉売戦に参加する形勢を示すに至った。
・ただしこれらの方策は単に時代に適応するための一時的手加減であって三越が伝統的な方

針としての優秀品の常備を怠っているわけではないようで、一例として呉服および雑貨の特選売場の新設をあげることができる。

実際に当時の新聞広告を調べてみると、いずれも昭和4年の東京朝日新聞であるが、

11月23日朝刊　高島屋　「マークダウンサービス・・・」
11月24日朝刊　松坂屋　「値下げ断行金解禁と緊縮整理の折柄弊店においては率先して手持ち商品の全般にわたり、売値の引下げを断行致し・・・」
11月24日朝刊　白木屋　「半額割戻し大売出し」
11月28日朝刊　松　屋　「品質本位の松屋の信条に基き、金解禁に先立ち実質的優良品を提供致します。良品にしてしかも廉価な掘出し物豊富」

といった具合に前述の廉売合戦の内容を裏づけるように、百貨店各社が廉売を営業政策の中心に位置づけて積極的に広告をおこなっていたことがわかる。

その積極的な販売姿勢は、新聞広告出稿行数の増加となって明確に表れている。たとえば、1925年から10年間に新聞広告出稿行数は、およそ、三越で4倍、松坂屋で7倍、高島屋

で20倍にも急増している（山本1999、209－210頁）。また、当時の状況を伝える新聞記事のなかから昭和6年2月8日付の東京朝日新聞のものを引用しておこう。

『昼間はいろいろの催し物、夜はネオンサインにシャンデリア、現代人を魅惑する栄華の殿堂、百貨店は小売商の悲鳴をジャズと心得て極度に賑盛を誇っていたが、あらしの如く吹きまくる不景気風には超然足り得ず昨年末辺は各百貨店とも重役連自ら販売の第一線に立ってさい配を振り全店特売、見切品大提供、半値大奉仕、五十銭均一等、今にただでも呉れそうな廉売の大競争を実演し、更にデパートとしてはかってその例を見なかった福引景品付の大売出から進んで景品の内容で競争・・・暮れも末になってからは客足も減つ切り見直し、押すな押すなの大繁盛に下値商品は羽が生えて飛ぶという始末、各百貨店の幹部連もホッと胸をなで下ろしたものの矢張り不景気だけに高級品はトント売れず実用品や安物許りが売れたので・・・三越、松屋、松坂屋、白木屋、高島屋と五大デパートと呼ばれる大百貨店でさえ昨今その森閑さにはお客の方が極りが悪い位である。・・・。』

ここで特筆すべきは、当時の百貨店の廉売というものが、各社によって、積極的もしくは非積極的に営業政策として採用されたという異なりはあるものの、各社においては価格政策の重要性を認識しつつ、相対的に高額な商品を取り扱うという、基本業態としての百貨店という小売業態を維持しながら、結果としてその時代の市場環境への適応を目的としてなされたことにあるとおもう。

くわえて、当時の百貨店の廉売というものは、品質の劣る単なる安物を売るということではなく、あくまで商品の品質の優良と、価格の低廉との両面を追い求めたという意味において、注目される。

商品券

商品券そのものは、百貨店においてすでに呉服商時代から呉服切手を発行していて、すでに江戸時代の小売商において広く用いられていた商品切手の伝統をひくものであるが、とりわけ、昭和元年から5年までの商品券発行額が、三越や松屋では2倍を超え、白木屋では5割増しと、大きく増加し、百貨店が顧客を吸引する有力な手段となっていた（鈴木１９８０、99－１００頁）。

こうした背景として水野（１９３３、１９１頁）は次のように説明している。「主として我国民の性格及び風習に基いて行はれている商品券は其使命が百貨店の本質的特徴と相呼応するが故に、百貨店の発行のものにおいて最大なる特質を発揮し得る」と。

これはつまり日本人は贈答を好んでおこなうが、贈る際に先方の趣味が不確実であるとすれば、百貨の名のとおり多種多様な商品を扱い、かつ、先方への礼に値する社会的信用を有する百貨店発行の商品券がそのニーズに合致しているからといえよう。

百貨店の商品券がいかに当時の他の中小小売商にとって脅威、問題となっていたかを示す出来事の1つをみてみたい。

山下（1993、254頁）によれば、昭和6年（1931）から激化した反百貨店運動の1つとして昭和6年（1931）、大阪の小売商たちは、百貨店の商品券発行による経営の圧迫に反対して、大阪小売商人擁護連盟の創立委員会を開催し、商品券問題の根本的解決を図るべく決議文を採択した。その決議とは、1．各百貨店において商品券の発行を禁止すること、2．ただちに発行禁止ができなければ、小売商による共通商品券の発行を認めること、3．大蔵省当局の発表した商品券の流通のみの禁止処分を速やかに撤回すること、などを内容としていた。

こうした動きに呼応し、神戸市における多聞通連合会においても「商品券発行絶対禁止」を決議し、情勢いかんによっては次のごとく百貨店商品券の「害悪」を指摘しようとしていた。その「害悪」とは、1．商品券が紙幣類似の流通性をもつため、不当の利子が百貨店に転がり込み、現在商品高以上の不換商品券が発行される弊害を生む、2．商品券の流通が盛んなため、印紙貼付1回で数回使用され、結果的に一種の脱法となり、国家に損害を与える、3．商品券を贈られた相手はただで商品を手に入れられるごとく感じ、品質と価格の有無を問わず買い込み、生産業者に向上心を忘れさせる遠因を作る、などを意味していた。

これらを百貨店側から逆説的にみれば、そのまま百貨店商品券発行のメリットとなりうるもので、一般中小小売商からすれば、死活問題の根源の1つとして映っていたことはまちがいないといえるであろう。

当時の営業政策について、ここまでの記述からも明らかなように、当時の百貨店はいずれもその恐慌時という、尋常でない状況を背景とした市場への対応に努めるべく積極的かつ革新性をあわせもった営業政策を展開してきたことがうかがえるが、これ以降の項目については、主だった百貨店各社の社史をもとに作成した百貨店営業政策年表（昭和元年～昭和7年）により時系列的な動きをもとらえることで、百貨店各社のおりなすその対応、変化のダイナミックな動きをもあわせて指摘しておきたい。

「百貨店営業政策年表（昭和元年～昭和7年）」

昭和元年（1926）

・松　屋　「流行研究会」発足
・そごう　本格的夜間営業開始（連日午後9時まで営業）
・大　丸　下足預かり廃止
・松坂屋　下足預かり廃止
・白木屋　阪神出張店開設
・三　越　下足預かり廃止、神戸分店開店、三越、梅田間送迎自動車を増便、本店、東京駅間の送迎用自動車を増やすとともに、配送車も増やし無料配達区域を拡大
・高島屋　5階マーケットに「なんでも10銭均一売場」を開設し実用品数百種を提供（大阪店）

昭和2年（1927）
・高島屋　下足預かり廃止、東京店開店、大阪店土日夜間営業、2階に均一売場設置、10銭より3円に至る9種目、10銭均一品は600種に上る（大阪店）
・松　屋　銀座別館落成
・大　丸　神戸店開店（7階建、1,970坪）、京都大丸4階建大丸マートを開く
・三　越　日本橋店全館開店、神戸分店地下室にマーケット開設（毎週土日は午後9時まで

の夜間営業）、（株）二幸商会設立（注3）、商品試験室開設、三越ホール開設
・白木屋　日本橋、東京駅間の顧客送迎自動車運行、山田専務商業視察のため渡米
・そごう　京都店改装、下足預かり廃止、百貨店業務研究の社内誌「ＳＴＵＤＹ」を創刊
・伊勢丹　神田店開店、下足預かり廃止

昭和3年（1928）
・松　屋　銀座本店北館落成、吉田橋横浜支店開業
・大　丸　京都大丸、西館6階建拡張成る、無料配達所を芦屋、御影、須磨、豊中、住吉に置く
・三　越　三越ポーター（赤帽）登場、大連出張所開店
・白木屋　鉄筋新館完成（7階建）、均一売場新設（10銭より50銭の5種）、天六出張所開設、五反田分店開店
・松坂屋　大阪店南館増築
・高島屋　大谷友之進、小瀬竹松新店舗計画のため米国百貨店視察に出発

昭和4年（1929）

・高島屋　岸和田出張所開設、屋上に10銭均一売場開設（大阪店）、10銭均一売場開設（東京店）、営業の合理化を図るため本店に調査本部を設置
・伊勢丹　林田操、欧・米・印・支各国を巡遊し、百貨店事情を視察
・阪　急　初の本格的ターミナルデパート梅田開店、無料配送開始
・松坂屋　上野店本館完成（8、000坪）、上野店、上野駅・万世橋間の顧客送迎自動車運行
・白木屋　大森分店開設、麻生分店開設、大塚分店開設、大井分店開設
・三　越　中元御贈答用品御相談所開設

昭和5年（1930年）
・高島屋　大阪南海店一部開店（7階建8、300㎡）、東京店、八重洲口間の顧客送迎自動車運行
・三　越　銀座店開店、金沢店開店、二幸新宿店開店
・松　屋　吉田橋横浜店増築完成（7階建）
・阪　急　掛売制度開始
・白木屋　錦糸堀分店開設、神楽坂、京都に分店を設ける

昭和6年（1931）

・高島屋　和歌山出張店開設、各地に均一店10銭ストア開設（26店）
　1階に均一マーケット新設、30銭、50銭、70銭、90銭（東京店）

・松　屋　横浜支店5階に「松屋マート」新設、東京駅、銀座松屋、新橋駅間に顧客送迎用の無料バスを運転、銀座本店に家庭マーケット新設、浅草支店開設開業（11、300坪）

・丸　井　中野店開店

・三　越　高松支店開店、洋書売場開設、「10、20、30、50銭均一品売場」を開設

・白木屋　設置した支店、分店は14に達する

・松坂屋　社長、副社長をはじめ、海外視察旅行が頻繁となる

昭和7年（1932）

・高島屋　大阪南海店全館開店（7階建33、000㎡）、10銭ストアを増設し、10銭20銭ストアと改称（57店）

・大　丸　里見専務アメリカ視察に出発し、心斎橋売場拡張

・白木屋　月賦販売開始

・三　越　札幌支店開店、白米の配達販売開始
・阪　急　代金引換販売制度開始、通信販売開始（昭和10年、10月カタログ発行数約4万部）
・松坂屋　静岡店開店

サービス

当時、きびしい経済情勢を反映して、百貨店においては過剰ともいえるいくつもの競争的サービスが展開された。

・無料配達区域の拡大　買上げ商品の無料配達は近年の百貨店でも有力なサービスの1つであるが、略年表からもわかるように当時、百貨店間の競争激化からその区域は広がる一方であった。たとえば、昭和6年の東京三越の無料配達区域は、東京近辺の中小都市はもちろん関東地方の大半まで、これに対抗して松坂屋は、東海道線では小田原まで、中央線は八王子、東北本線は宇都宮、日光まで（三友新聞社編1972、238頁）、また、松屋においても、昭和6年ごろには東京近辺の各県中小都市はもとより、東は千葉、西は小田原、南は浦賀、北は日光まで広がっていた（松屋編1969、210頁）。

・顧客送迎バスの運行　略年表から、三越の本店、東京駅間をはじめとして、白木屋、松坂

屋、高島屋、松屋と有力百貨店各社が競うように無料顧客送迎バスの運行をおこなっているのがみてとれる。たとえば、三越本店、東京駅間の無料送迎バスは終日長い列ができフル運転をつづけているため、4月、送迎自動車を増車・・・。大阪三越では8月から、梅田間の送迎バスを1日25往復に増発し、暑中の顧客誘致をはかった（三越編1990、94頁）。

・夜間営業　そごうの連日夜9時までの営業をかわきりに、高島屋、三越の土曜日曜は夜9時までと激しい百貨店各社の競争のなかで順次波及していった。堀（1960、223頁）の調査によれば、とくに地方の百貨店では平均で9時、10時閉店、遅いところで、11時、12時まで営業をおこなっていたことが記されている。

・下足預かり廃止　初田（1993、188－189頁）によれば、当時の日本ではアメリカと異なり、舗装が十分でないことから、百貨店内への土足入場は認められず、靴履きの客にはカバーをはめ、下駄や草履ばきの客には上草履にはきかえてもらうことで、落ちた商品が汚れないようにしたという。しかし、このような手間は客の側からすれば面倒なことであることから、百貨店の積極策のもと大衆化路線が明確になっていったこの時期に、百貨店は店内への下足入場を断行するのだが、結果として、百貨店各社とも大きく入店客数を伸ばしたとされる。

均一売場・ストアの開設

当時の百貨店足跡から、各社とも、10銭均一、20銭均一といった、割安感を訴求した売場・ストア作りが顕著にみてとれる。この点に関して百貨店各社のなかでもとりわけ熱心にこうした手法を用いた高島屋の記録をみてみよう。

昭和元年の時点で、「なんでも10銭均一売場」を開設し、すでに、この実用品のアイテムが数百種にのぼり、翌年には、600種に達する勢いであったことからして、当時の大衆顧客ニーズによくマッチしていたものと推察される。ところで当時の10銭とは現在にしてどの程度の価値なのであろうか、当時に関する資料（注4）をみるに、そば8銭、ラーメン10銭、豆腐5銭、コロッケ2銭、タバコ（ゴールデンバット）7銭とあり、一概に単純比較は難しいが、近年の100円ショップの隆盛と重なるように、大衆にとっての価値観として、非常にリーズナブルな価格として受け入れられたことはまちがいないであろう。

これらを裏づけるように、

高島屋（第25期営業報告）「・・・当期に入りては英国金本位制の停止と満州事変の勃発により、わが経済界に異常なる衝動を来し、証券の激落とともに商品は更に大低落を告げ、都会といなかの別なく購買力の低下はますます著しく、当期前半の業況不振を免れざりしも・・・10銭均一連鎖店は当期末において30余店を数うるにいたり、その業況順調なる発達を遂げつつあり」

高島屋（第26期営業報告）「・・・同国財界悲観説に満てる等内外における重大問題頻発のために価格の低落と購買力減退の二重の圧迫をうけて売上げは各店を通じ減退を免がるる能わざりしも前期末30余店となれる10銭20銭均一連鎖店は当期において57店算するに至り、その業況も順調にして該事業によりて補足するところ漸く大を加えたり・・・」

とあり、顧客ニーズに合致するほどに、高島屋にとっても、また他の百貨店にとっても大きな収益の柱となりつつあったことをうかがわせるものである。

支店、分店、出張店等の開設

略年表からも、ひときわ目につくとおもうが、鈴木（1980、85－86頁）によれば百貨店各社は、当時、「都市化の進展」、「都市内交通の発達」、「建築に関連する技術の発展」という3つの要因を背景として店舗の新設・拡大を推しすすめている。

百貨店各社の増床の程度をみても、大正14年と昭和7年との比較での差は大きく、いかに昭和初期に積極的に店舗展開がなされたかがわかる。具体的には、三越4、900坪→16、177坪、白木屋1、420坪→13、047坪、松屋6、378坪→13、826坪、高島屋700坪→1、694坪、伊勢丹600坪→5、600坪であり、恐慌時であるにもかかわらず、萎縮することなく、たち向かっていく百貨店の姿がうかがえる。

欧米百貨店経営手法の学習

略年表から、当時の百貨店各社の幹部が入れかわり立ちかわり、欧米の百貨店を視察におとずれていることが示されている。近代的百貨店の創成期でもあり、また、当時のきびしい経済情勢の打開策の必要性からも、競うようにして欧米流の近代的百貨店の手法を参考にしようとした姿勢がうかがえる。

通信販売

略年表には記載されていないが、当時の百貨店にとって有力な営業政策の1つであった通信販売についてもふれておく。

黒住（1993、215−219頁）によれば、百貨店の最初のカタログ発行は高島屋により明治32年5月に始まり、それより5ヶ月遅れて三越も通信販売に進出している。昭和初期における松屋の通信販売の実態を示す資料によれば、カタログ発行直後の3日間の日別の受信数として、北海・東北・北陸方面で（82、86、89）、関東・東海道方面で（104、103、80）、その他の方面で（78、77、59）といったように、通信販売が当時、百貨店という信用を背景としてさかんに地方客の注文を呼びよせるのに有効であったことが記されている。

以上、ここまで、昭和初期における百貨店業態としての展開の様を検討してきたわけであるが、これまでの検討から以下の点が明らかになったといえるであろう。

当時の百貨店は

・近年の百貨店と同様に、大衆化のもと幅広い顧客層を対象としていて、それに応じたアソートメントの幅を有することから、基本的部分において、近年とほぼ同様の売場構成をすでに形成して商いを営んでいたこと。

・営業に関する諸政策においても、近年の百貨店でおこなわれている諸政策と比べて、政策個々に関して、まったく近年まで変わらずおこなわれているものか、もしくは、やや変化した程度の異なりがみられるくらいのもので、ほぼ近年の原型を形成すべく同様の営業諸政策をおこなうとともに、その動きは加速していたこと。

しかしながら、こうした事実からは、両時代における百貨店の相違点であり、また疑問点として次の点が指摘される。きびしいデフレ現象下といえる同様の経済環境のもと、昭和初期の百貨店は、これまでの指摘にあるように、積極果敢に環境変化への適応を試みていたといえよう。

それとは対照的に「失われた10年」ともいわれる平成不況、そしてその後も続く経済低迷から「失われた20年」、「失われた30年」、ともいわれる経済低迷期においても、百貨店は、積極果敢に環境変化への適応を試みていたといえるであろうか。少なくとも顧客視点からは、百貨店の業績不振が示すように、そのような変化はみてとれなかったと言っていいであろう。

こうした点について考えるうえで、とりわけ象徴的な事象として注目されるものの1つとして、デフレ現象下での両時代における価格政策というものに、大きな異なりがみうけられる。

すなわち昭和初期の百貨店営業政策としての「廉売」であり、当時の優れた百貨店経営者に共通してみられる経営理念とされる、徹底した顧客志向性・顧客主義のもと、価格政策の重要性を認識しつつ、基本業態としての百貨店という小売業態を維持しながらも、百貨店各社とも、積極的、非積極的にかかわらず、当時の顧客ニーズに応える形で採用されたという事実である。

これらに対し、近年の百貨店は「適正価格」を標榜していながら、価格決定権をもっていないがために、価格について消費者に正確な説明ができない（川端、菊池２００１、37頁）。つまりは、昭和初期の百貨店にみられたような柔軟な価格政策をもちえないことに象徴されるように、自らのＭＤというものに制約が課されていることを露呈していることに他ならない。

同時にこのことは、最大の環境要因とされる顧客ニーズへの適応というものに制約が課されていることを意味することから、昭和初期の百貨店との決定的な異なりとして「近年の百貨店は環境への適応性に問題がある」と、言わざるをえないのではないだろうか。

ここに、近年の百貨店のもつ基本的問題点というものをみいだせると考える。

【注】

（1）内閣府　経済財政白書／経済白書「昭和29年　年次経済報告　経済企画庁」（https://www5.cao.go.jp/keizai3/keizaiwp/wp-je54/wp-je54-0000i1.html　２０２２年10月９日アクセス）

（2）松坂屋編（２０１０、39頁）によれば、百貨店の出張販売の始まりは明治30年代からというのが通説であるが、いとう松坂屋（松坂屋上野店）ではそれより早い江戸時代からおこなっていた。房総半島の木更津で開催したときの引札（広告チラシ）が現存することから、そのことがわかる。当時、江戸と木更津との間は「不更津船」とよばれる渡航船が運航しており、４時間程度で結ばれていた。その木更津の旅宿を利用して出張販売をおこなっていたとされる。

（３）株式会社二幸商会とは、その「創立目論見書」に記されている①チェーンストアのこと②調理販売のこと③仕入に関すること④卸売りのこと⑤当商会の要綱とあるようにチェーンストアの展開、セントラルキッチンの必要性、産地直送販売、地方物産の頒布会などが構想として盛られており、未来を先取りする革新的な姿勢がうかがわれる（三越85年の記録１９９０、97頁）。

（４）竹内書店新社編集部編（２００１、１４８頁）『超ロングセラー大図鑑』。

参考文献

池尾恭一（１９９７）「百貨店の低迷と再成への課題」田島義博・原田英生編『ゼミナール流通入門』日本経済新聞社。

伊勢丹編（１９６１）『伊勢丹七十五年の歩み』。

岩永忠康（２００９）『現代日本の流通政策』創成社。

梅本浩志（１９８８）『三越物語』ＴＢＳブリタニカ。

大谷　健（１９９５）『平成デフレ』朝日新聞社。

川端準治・菊地慎二（２００１）『百貨店はこうありたい』同友館。

黒住武市（１９９３）『日本通信販売発達史』同友館。

三友新聞社編（１９７２）『三越三百年の商法』評言社。

白川一郎（1995）『景気循環の演出者』丸善。

白木屋編（1957）『白木屋三百年史』。

鈴木安昭（1980）『昭和初期の小売商問題』日本経済新聞社。

関根　孝（1999）「百貨店略年表」鈴木安昭・関根　孝・矢作敏行編『マテリアル　流通と商業（第2版）』有斐閣。

関根　孝（2005）「小売機構」久保村隆祐編『商学通論』同文舘。

そごう編（1969）『そごう社史』。

大丸編（1967）『大丸二百五十年史』。

高島屋編（1968）『高島屋135年史』。

高島屋編（1982）『高島屋150年史』。

高橋潤二郎（1972）『三越三百年の経営戦略』サンケイ新聞社。

坪井晋也（2009）『百貨店の経営に関する研究』学文社。

坪井晋也（2021）「百貨店」坪井晋也・河田賢一編『流通と小売経営』創成社。

鳥海　靖（1978）「軍部の支配と戦争への歩み」笠原一男・安田元久編『資料日本史下巻』山川出版社。

橋本寿朗（1984）『大恐慌期の日本資本主義』東京大学出版会。

初田　亨（1993）『百貨店の誕生』三省堂。

阪急百貨店編（1976）『阪急百貨店25年史』。

藤岡里圭（2001）「わが国の百貨店」『季刊マーケティング・ジャーナル』第81号。

堀　新一（1937）『百貨店問題の研究』有斐閣。

堀　新一（1960）『商業組織化論』風間書房。

本多祐三（1995）「デフレーション下の日本経済」本多祐三編『日本の景気』有斐閣。

松坂屋編（1971）『松坂屋60年史』。

松坂屋編（2010）『松坂屋百年史』。

松屋編（1969）『松屋百年史』。

水野祐吉（1933）『百貨店経営学』日本評論社。

三越編（1990）『株式会社三越85年の記録』。

山下直登（1993）「昭和恐慌と都市小ブルジョワジー」戦後日本経済研究会編『大恐慌と戦間期経済』文眞堂。

山本武利（1999）「百貨店の広告戦略と新聞広告」山本武利・西沢　保編『百貨店の文化史』世界思想社。

吉田菊次郎（1999）『デパートＢ1物語』平凡社。

第3章　百貨店経営不振の背景

百貨店経営不振の背景として、これまでさまざまな指摘がなされてきた。しかしながらそれらの問題点は、一様に一定の見解に収れんされていく傾向がみられる。

たとえば、

・伊藤（1998、197－198頁）は、日本の百貨店の将来を考える時いくつかの危惧があるとし、その1つに小売技術の問題を指摘し、その背景にある委託、消化仕入れを続けることへの危惧を説いている。

・江尻（1994、70－75頁）によれば、百貨店を危機に追い込んだ最大の原動力は、納入企業との委託取引きの締結、納入企業の派遣販売員の受け入れであるとして、その結果、百貨店側は、価格決定権の喪失、収益力の低下、顧客がみえない、販売能力の低下、環境変化に対して機敏に対応する姿勢の喪失等の問題点をかかえこんだとしている。

・池尾（1997、132－134頁）によれば、小売業態としての百貨店が抱えるより基本的な問題は、長年の取引慣行のなかで、小売業として最も基本的な能力が失われてきたという点にあり、特に大きな問題をはらんでいるのが委託販売と派遣店員であるとしている。1960年代よりメーカー依存の百貨店経営の危うさが指摘されていたがその弊害として、百貨店のノウハウ低下とともに、同じメーカーが多くの百貨店の売場を管理することからくる店舗個性の喪失、マージン、収益性の低下をあげている。また百貨店は、売り上げが低迷し、収益の低下が顕著になると、派遣店員の削減や買取仕入を打ち出すものの、景気が好転し売り上げが回復してくると、結局元に戻るといったことを長年にわたって、近年までくり返してきたとしている。

・経済産業省「百貨店研究会報告書2021年7月7日（注1）」によれば、百貨店がアパレル分野を主力としてシフトしていく中で、多くの百貨店において、「消化仕入れ」形態の取引が広がったが、消化仕入れの下では、百貨店が在庫リスクを負わないため、売れ筋の商品の品揃えも、百貨店が主導的に決定することなく取引先に委ねることで、百貨店のバイヤーのスキルも低下してしまったのではないかとの指摘も見られるところである。こうした状況では、百貨店が購買情報を蓄積・活用しようとするインセンティブも働かない。結果として、全国の百貨店は一部の例外を除いて、どの店に行っても似たようなブランドの似たような商品が並ぶという同質化現象が進行してしまったのではないかと考えられる。

このように、百貨店における委託仕入を中心とする1つのビジネスモデルは、納入業者依存、顧客サービスの低下、MD力の低下、価格決定権の喪失、低収益体質、売場構成の同質化といったさまざまな問題を引きおこしたとされる。

1　百貨店における仕入形態

ここで、問題として指摘されている百貨店における仕入形態について、整理しておきたい。百貨店の仕入形態は「買取仕入」、「委託仕入」、「売上仕入（消化仕入）」、の3種類に分かれ、「買取仕入」は問屋から百貨店に納入されたときに商品の所有権が百貨店に移る仕入形態、「委託仕入」は、百貨店からいえば「預り品」で所有権は問屋にあり、百貨店は棚不足の責任はもっても売れ残りのリスクをとらない仕入形態、「売上仕入」は売れた分だけ仕入にし、さらに棚不足など商品管理も、販売員も問屋の責任でおこなわれる仕入形態とされる（高丘・小山1984、76－77頁）。また、買取仕入は「完全買取仕入」と「返品条件付買取仕入」に分類される（百貨店業労働力確保等問題懇談会報告書1994、11頁）。

なお、百貨店の仕入形態の比重の変化に関する、日本経済新聞（2018年12月8日付）

の記事抜粋（注2）によれば、

『1970年代までは百貨店の取引は「買い取り」が多かった。売れ残っても返品できず、在庫を処理するのは小売り側だった。80年代になると衣料品が売れて百貨店の売り場が広がり、大量の商品が必要になった。そこで、百貨店にいったん商品を納入して販売を委託する「委託販売」が登場した。納品した時点でお金のやり取りが発生し、売れた時点で正式な売り上げが立つ。売れ残りは返品可能だ。90年代に入って主流となったのが「消化仕入れ」だ。納入した時点で金額が発生、返品できるところは委託と似ている。決定的に違うのは、委託では百貨店に納品した時点で所有権が移るが、消化では客の手に渡るまで所有権はアパレル側にある点だ。もし小売店が倒産した際、委託取引では在庫を引き揚げられず、大きな損失を被る。百貨店低迷の時代に若干のリスクを回避できる条件ともいえる。』

となっている。

百貨店の仕入形態での比重の変化を説明する際、図表3－1「百貨店の仕入形態の比重変

図表3－1　百貨店の仕入形態の比重変化

（%）

	買取仕入	委託仕入	売上仕入	計
1956年	81.3	15.1	3.6	100.0
1987年	21.0	66.4	12.6	100.0

出所：江尻（2003, p.37）。

化」のように、比重の変化の示し方として、

買取仕入→委託仕入→売上仕入（消化仕入）、

とするものにくわえて、

買取仕入→委託販売→売上仕入（消化仕入）、また、

買取仕入→委託取引→売上仕入（消化仕入）

などとする記述も散見される。

さらに前出の新聞記事での委託販売では、「委託では百貨店に納品した時点で所有権が移る」としていることから、内容的には返品条件付買取仕入を意味しているようにおもわれる。また委託仕入と称していても、その内容的には返品条件付買取仕入を意味している記述もいくつかの資料で散見される。

つまり、委託販売、委託取引、委託仕入、返品条件付買取仕入などと称されるものについては、その用いられ方として、百貨店各社、納入業者での呼称の異なりや認識の異なりなどを背景として、若干の混

乱、曖昧さなどがみうけられよう。しかしこれらについては、百貨店と納入業者の間における店頭商品の所有権の移動時点などに異なりがあるものの、いずれも百貨店にとっては「商品在庫（売れ残り）リスクを負わない仕入形態」である、という「意味」において、本書では委託仕入と同意語として取り扱うものとする。

よってこれ以降、委託販売、委託取引、委託仕入、返品条件付買取仕入などについては、基本的には委託仕入と表示するものの、引用文献などについての記述に関しては原文表示のまま使用するものとする。ただし、売上仕入（消化仕入）については、委託仕入と同じく百貨店にとっては「商品在庫（売れ残り）リスクを負わない仕入形態」であるが、店頭の商品管理責任も納入業者側が負うということなど、百貨店の納入業者への依存度が委託仕入よりもより高くなるという点において、表示上の区別には意味があると考えることから、その点において委託仕入とは区別する形で、売上仕入（消化仕入）と表示することとする。

前出の新聞記事内容、また図表3－1からわかるように、1950年代から1970年代ぐらいまでは買取仕入が主流であったとみられるが、1980年代には委託仕入、1990年代には売上仕入（消化仕入）が主流であったとされる。

またJ．フロントリテイリングの元会長兼CEOである奥田務氏の著書（2014、150頁）によれば、買取モデル→委託仕入モデル→消化仕入モデルへと主流が変化していった、としたうえで、1960年代の大丸の買取モデルの比率は60％程度、その後1980年代には70～80％近くが消化仕入モデルに変わっていた、としている。さらに同書でこの消化仕入に関する主だった奥田氏の見解について、抜粋、要約してみたいとおもう。

・米国のバイヤーと日本の百貨店バイヤーとのきびしさの違いにふれたうえで、消化仕入という仕組みにそれなりの利点があったことは確かだが、日本の百貨店が成長しきれなかった1つの理由として、在庫管理をしっかりしてこなかったこともある（46頁）。

・米国の百貨店、デイトン・ハドソンがターゲット（ディスカウントストア）に変化したことを受けて、デイトン・ハドソンがこれほどの変化を実現できたのは、やはり買取で商品を仕入れて、リスクを取って自前で売り切る商売をしていたからであり、消化仕入が中心の日本の百貨店でこれほどの変化は難しい。ただし買取が善、消化仕入が悪ではなく、消化仕入で顧客の心を捉えて、利益を出せばいい（50－51頁）。

・ニューヨーク留学から戻った80年代には70～80％近くが消化仕入モデルに変わっていて、私の後に入社した後輩たちは、8割以上が実質、消化仕入モデルという環境で育っていた。それなのに全員が買取モデルの商売をしていると信じていて、社員ばかりではなく、経営者も買取モデルだと思い込み、疑いを抱いてなく買取のメンタリティーだけが根強く残っていた（150頁）。

・私が社長に就任した時点（1997）で、既に大半が消化仕入れの売り場になっていて、10人いるお客さまのうち、大丸の社員が店頭で接しているのは、おそらく一人いるかいないかというところ。現実に売り場を見ると、実際にお客さまに接して売っているのは、ほとんどが取引先やブランド側の販売員で残る大丸社員も、売り場には出ていても、伝票を書いたり、事務用品や包装材料を発注したり、レジを打ったりして、ほとんどお客さまと接していない。

奥田氏はニューヨーク州立大学のなかに設置されているファッション・インスティチュート・オブ・テクノロジー（Fashion Institute of Technology: FIT）に会社から派遣されるという留学経験、さらにブルーミングデールなどでの研修経験、そして海外赴任の経験を通して、買取仕入・自社販売を前提とするビジネスモデルを学び、実践した経験から、それらとは異なる日本の百貨店ビジネスモデルとしての消化仕入という仕入形態についてこれだけ客観的に評しえたのではないだろうか。くわえて、こうしたリスクを負わない仕入形態のメリット、デメリットの部分を客観的に評しえたことから、その後の「買取・消化仕入の利点と定期賃貸借の利点を最適バランスでミックスした、新時代のハイブリッドな百貨店ビジネスモデル」

という、百貨店革新（注3）へとすすんだのではないだろうか。

つまりはこうして百貨店は、1980年代より委託仕入、売上仕入（消化仕入）、さらに近年の定期賃貸借へと、在庫（売れ残り）リスクを負わない仕入形態の比重を高めていったことがわかる。

こうした事実からは、

・百貨店は1980年代から近年まで、40年近くにわたって商品在庫（売れ残り）リスクを負わない仕入形態を主流として続けてきたことを示していて、いいかえれば、納入業者への依存度を高め続けてきたともいえよう。

・1990年代、百貨店の経営不振が深刻になっていく過程で、本章の冒頭で述べたような、商品在庫（売れ残り）リスクを負わない仕入形態を主流として続けることへの懸念が示されても、少なくとも顧客視点からは、なかなか変化や是正策などがみえてこなかったこと。

などが指摘されよう。

納入業者への依存度を高め続けてきたことや、商品在庫（売れ残り）リスクを負わない仕

図表3−2　MDに関する問屋へのアンケート結果

Q. 百貨店の商品企画は問屋に頼っているか

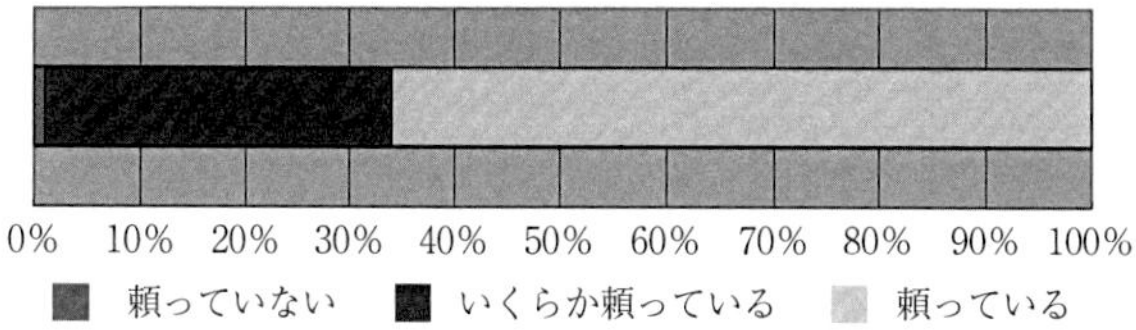

Q. 小売業で最も勉強しているバイヤーは

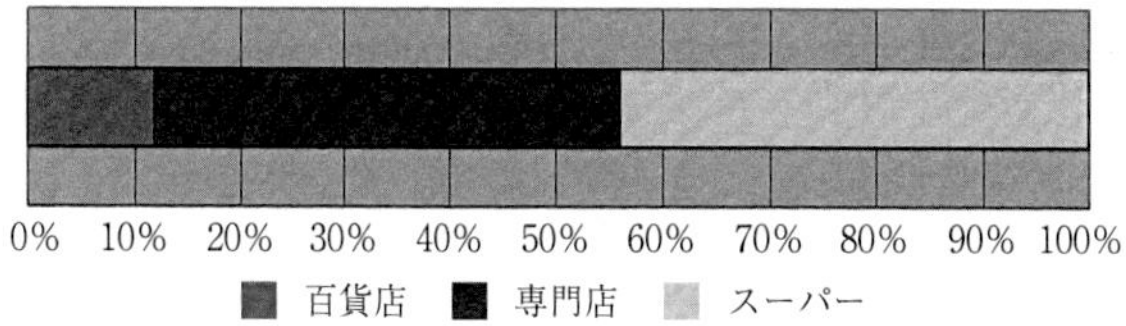

Q. 百貨店向けとスーパーや専門店向けの商品は

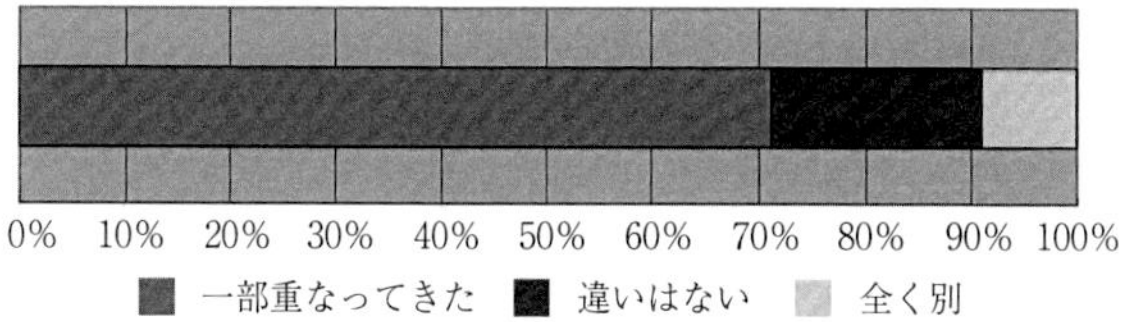

Q. 問屋が百貨店へ販売員を派遣する「派遣店員制度」は

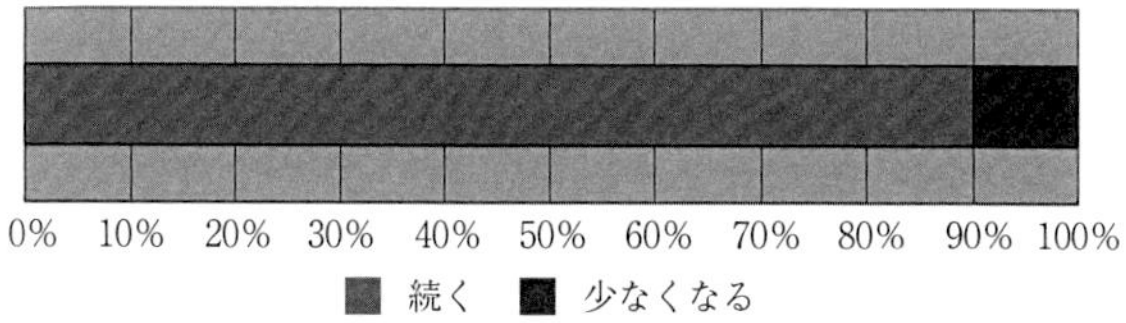

出所：日経流通新聞編（1985, p.30, 32, 38)。

入形態を主流として続けることへの懸念などについては、図表３－２「ＭＤに関する問屋へのアンケート結果」からもみてとれる。このアンケートは、１９８０年代半ば、日経流通新聞が、百貨店と取引している主だった問屋１００社の経営者に「現在の百貨店をどうみるか」というテーマでアンケート調査した結果の一部である。

上から順にみていくと、まず、「Q．百貨店の商品企画は問屋に頼っているか」については「頼っている」が実に66％を占め、「いくらか頼っている」の33％をプラスすると99％と、いかに当時から百貨店が問屋に依存していたか、その依存性の高さがよくわかる。次の「Q．小売業で最も勉強しているバイヤーは」についても、上記の事実を裏づけるごとく、百貨店のバイヤーが勉強していると答えた問屋、経営者の割合はわずかに12％にすぎない。次の「Q．百貨店向けとスーパーや専門店向けの商品は」について、「一部重なってきた」が実に71％、「違いはない」と合わせると91％と、商品による業態としての差別化が、失われつつあることにくわえて、近年の百貨店においてもよく指摘される、「店舗個性の喪失」すなわち、どこの百貨店にいっても、似たような商品しか置かれていないといった事態が進行していったことがうかがえる。最後の「Q．問屋が百貨店へ販売員を派遣する「派遣店員制度」は」については、「続く」が90％と、問屋側からみた百貨店観をよく表しているのではないだろうか。つまり、少なくとも外側から百貨店をみたとき、そこに変化の兆しがなかなかみられないことを示唆しているであろう。

以上のように商品在庫（売れ残り）リスクを負わない仕入形態を主流として続けることへの懸念が示されてきたわけであるが、そもそもこうした流れの端緒となった委託仕入について再考してみたい。

2　委託仕入

日本の百貨店業界に委託仕入と、それに伴う派遣店員が定着したのは、一般的には1950年代の前半にオンワード樫山が百貨店に提案し、導入されたものだといわれている（池尾1997、133頁）。オンワード樫山の創業者である樫山純三の著書『走れオンワード』（76－77頁）には、1953－54年に樫山株式会社（現在のオンワード樫山）が百貨店に対しておこなった「委託仕入」、「派遣店員」等のいくつかの「新しい試み」に関する左記の記述がみられる。

『一つは委託取引制である。百貨店で売れ残った場合はこちらが商品を引き取る。百貨店側にすれば返品できる制度である。百貨店には商品ごとに一定の予算がある。この予算の壁を破って商品を大量に納入するには、予算という壁を取り払えるようにすればいい。』

『第2は、土、日曜日の百貨店への派遣店員制度である。百貨店は土、日曜は多忙だが、日曜の忙しさに合わせて社員を増やすわけにはいかない。平日が暇で、人件費の負担が重くなるからだ。その点、こちらとしては消費者に直接売れば、「どの商品が売れるか」といった消費行動を知ることができるし、消費者の生の声を聞くことができる。』

この「2つの試み」の意味するところは、百貨店に対し、売れ残りのリスクと店員の雇用コストを負うこととひきかえに、仕入量を増やしてもらうと同時に、派遣店員から収集される消費者行動に関する情報の活用で、売れ残りのリスクそのものを軽減できることを意図していたものと解せる。

しかし、これらの制度は百貨店側からすれば百貨店という小売業態であるがゆえの「対面販売による消費者の購買行動の直接的把握」、そして「適切なMDへの反映」という環境適応のプロセスに欠かせないものを手放すことを意味することから、百貨店として最も基本的な能力である「商品力」と「販売力」を劣化させる原因となりうることは否めないであろう。

同時に、百貨店にとって、商品在庫（売れ残り）リスクを回避できるという意味においては、有効、有益な仕入形態であることも事実であろう。

つまり百貨店にとって、委託仕入にはメリット、デメリットがあると認識することが肝要と考えられよう。

ところで百貨店が、この委託仕入のような売れ残りのリスクを取らない仕入形態を採用したのは、歴史的な資料からして、1950年代前半のオンワード樫山の例よりもっと前からとおもわれる。

3　委託仕入と山田忍三

たとえば、1927年（昭和2年）、白木屋の営業部長に就任した山田忍三氏は、関東大震災によって受けた痛手にくわえ当時の不況と、松坂屋、松屋の銀座進出、三越の全店舗の復旧完成による銀座・日本橋地区の競争激化にともなう、販売減による在庫の増加と、ひん死の状態に陥っていた仕入の問題を、当時は不可能といわれた委託販売制度（特別現金仕入）の全面的採用により克服したとされる（白木屋編1957、400－402頁）。

この点の詳しい事情を知るカギは、山田の著書『百貨店経営と小売業』（1930a、123－130頁）のなかにあった。「特別現金仕入」と称していたが、返品が可能で百貨店側が売れ残りのリスクを負わないという意味で、実質的に近年の委託仕入、売上仕入（消化仕入）に該当するものとおもわれ、それに対する山田の考え方が述べられている。このことは前述したように、日本の百貨店業界に委託仕入が導入・定着したとされる、1950年代の前半よりはるかに前、今日より100年近く前に、すでにおこなわれていたといえよう。

つまり委託仕入は、1927年には実施されていた事実があると考えられるが、少なくとも当時において、制度としての拡大までにはいたらなかったということが指摘される。その背景の1つとして、左記は山田の委託仕入に対する考え方に関する要点の抜粋・要約である。

まずはその百貨店にとってのメリットとして、

・残品又は見込違いに対して商店が責任を負う必要がない。
・仕入商品を豊富にする傾向がある。
・自己（買取）仕入の場合に比べて、少ない資金にて多額の取引をおこなうことができる。

また、その百貨店にとってのデメリットとして、

・問屋にとって返品される可能性がある場合、その防衛手段として新しい商品か特別売行き

のよい商品は百貨店への納品を遅らせることがある。
・店に責任が少ない委託品という考えで仕入れると、商品はきまって売れない。つまり返品が多くなり、結果として問屋がいう事を聞かなくなる。
・利回り（売総率）に一定の基数があることから、仕入価格が高くなると売値もスライドして高くなり、結局売れずに自然返品が多くなる。
・品質のいい、高価な商品であるほど、返品のリスクを問屋はきらうことから高級商品の仕入は困難である。

などを指摘しているが、これら委託仕入のメリット、デメリットを認識したうえで、左記のような見解を示している。

・委託仕入は、内的利益もしくは消極的利益とでもみなすべきもので、これをもって種々の欠点を補い、他商店との競争に勝ち抜くにはあまり有力な方法といえない。
・できるだけ買取仕入によって、積極的に安価な商品を取入れることに努力し、委託仕入は弊害が少ない場合のみ利用すること、つまり、両仕入法の適当なる調和、両仕入法の特長の総合において、仕入の全価値をあげることが、委託仕入を活用することでもあり、商店の隆替を企図すべき良法であるとおもう。

山田のこうした委託仕入のメリット、デメリットに対する見解は、実際に委託仕入が白木屋で試みられた経験から導きだされたものであった（日本経済新聞社編1961、103頁）。そのうえで結果的に白木屋は、昭和8年には委託仕入を原則として禁止している。

ここで注目されるのは、デメリット（注4）の指摘があるにせよ、当時の危機的な白木屋にとっては起死回生策となった委託仕入というビジネスモデルが、なぜこの時期に拡大しなかったのか。一度成功したビジネスモデルを止めてしまうことは、かなり難しいことで、止められずに衰退していく企業は少なくない。

そうしたなか、結論的にいえば、経営環境をふまえての当時の経営トップ、山田による判断、決断の結果、ビジネスモデルを変更した、あるいは元のビジネスモデルに戻したと考えるべきであろう。

ここまでの文脈からも明らかなように、結果としてこの時期の百貨店において、委託仕入が拡大しなかった理由としては、当時の百貨店の経営環境をふまえての、山田の経営的判断によるところが大きいとおもわれる。では、こうした経営判断、決断を下した経営者、「山田忍三」とはいかなる人物であったのであろうか。

3－1　山田忍三に関わる文献、資料

委託仕入と山田との関わりについて、いわゆる学術的に言及している文献としては、江尻（2003、113－123頁）のものがあげられる。その著書のなかでは、「白木屋の特別現金仕入れ」と題して、特別現金仕入れについての説明、特別現金仕入れに関する山田の検討内容、特別現金仕入れに対する反省内容が記されている。そして百貨店の返品制は、すでに戦前、1927年（昭和2年）から1933年（昭和8年）に、関東大震災で本店が焼失してしまった白木屋で、倒産の危機を乗り越える手段として登場していて、仮説「返品制の戦前起源説」が成り立つことは明らかであるとしている。

また拙著（2009）においても部分的にふれているものの、経営者としての「山田忍三」についての研究、といった類の文献はほとんどないといえる。しかし、社報、社史や、新聞、雑誌などで山田に関する記述をみつけることは少なくない。さらに山田による著書は、当時の実業家としてはかなり多い方といえるのではないだろうか。

図表3－3「山田忍三の主な著書・編著書一覧」は、国会図書館等で確認されたものだけをピックアップして、図表にしたものである。一見すると、あまり脈絡のないタイトルが並んでいるようにもみえるが、山田の経歴と照らし合わせていくと、興味深い。

図表3－4に「山田忍三の略歴」を記したが、これらは蛇の目ミシン工業編（1971、

図表３－３　山田忍三の主な著書・編著書一覧
（左側の列より出版年が古い順）

出版年	タイトル	出版年	タイトル
1925	平易なる自動車学	1939	吾等の戦ひ
1925	僕はフオード自動車の親友也	1940	昭和十四年の経営
1927	自動車王フオード：立志物語	1941	昭和十五年の経営
1930	百貨店経営と小売業	1941	経済の南進を熱望す
1932	経営五年	1942	山田忍三選集
1932	回顧五年	1942	南進一歩
1934	昭和八年の経営	1943	戦時青年の進路
1935	昭和九年の経営	1952	頑張る力：人生経営
1936	如何すれば小売商は繁栄するか	1955	頑張る力：人生手帖
1938	昭和拾二年の経営	1956	私の先生：人生経営
1939	頑張る力	1959	更生小話
1939	昭和十三年の経営	1960	不良会社の洗濯法

出所：筆者作成。

３６４－３６６、４４５頁）より引用、作成したものである。さまざまな文献、資料から略歴を作成することも検討したが、年号的に不明なものがあったり、履歴内容の詳細度合いにおいて時代的偏りがあったりと、判断に苦慮したことから、もっとも端的、体系的に記述されていた文献として、蛇の目ミシン工業編（１９７１）を採用した。

表と略歴を照らし合わせてわかることとして、

図表3－4　山田忍三の略歴

1885年 (明治18年)	山口県熊毛郡光井村（現在の光市）の教栄寺住職浪山真成の四男として生まれる。
1898年 (明治31年)	家が貧しく小学校卒業後，母校の代用教員となる。その後故郷を飛び出して列車ボーイ，書生等を転々としながら苦学して陸軍士官学校に入学。
1905年 (明治38年)	陸軍士官学校卒業。 中尉時代に当時の陸軍歩兵学校長山田隆一中将の養子に望まれて山田姓を冒した。
1919年 (大正8年)	養父の死にあい，借金の整理に追われた山田は，翻然悟るところあって実業界へ転身を志す。
1924年 (大正13年：関東大震災の翌年)	陸軍少佐の地位を棄てて，東京九段下で自動車販売業をはじめる。 それが3年後には，神田神保町に600坪の大店舗を構えるフォード代理店「山田自動車株式会社」にまで発展。
1927年 (昭和2年)	白木屋百貨店常務の西野恵之助に懇望され，取締役営業部長として入社。
1932年 (昭和7年)	山田が専務在任中，「白木屋大火」がおきる。
1943年 (昭和18年)	白木屋社長をやめて満州へ赴き，満州重工業株式会社の理事に就任。 その後，終戦にいたるまで山田は満州にとどまり，傘下の満州炭礦，満州機械等の社長を歴任。
1950年 (昭和25年)	蛇の目ミシン株式会社の臨時株主総会において，取締役社長に選任される。
1961年 (昭和36年)	蛇の目ミシン再建につくした後，社長を退任。

出所：蛇の目ミシン工業編（1971，364-366，445頁）より筆者作成。

・実業家時代において、自らも多くの著書を残している。
・1924年～1927年まで自動車販売業を営んでいるが、その期間には自動車に関する著書。同様に、白木屋に在任中であった、1927年～1943年までの著書は白木屋中心の内容となっている。
・ただし、1952年以降の著書については、社長であった蛇の目ミシンについてもふれているが、どちらかというとこれまでの集大成的な色彩が強いといえる。

本章ではこうした内容をふまえつつ、他の文献、資料も検証することで、経営者としての「山田忍三」からのアプローチをすすめていきたいとおもう。具体的には山田の略歴に沿って、とりわけ12歳ぐらいから20代半ばぐらいまでの青年期と、白木屋の経営者であった時期に注目してみたいとおもう。

3－2　山田忍三の青年期

発達心理学の視点からは、研究者によっても異なるが、おおよそ12歳ぐらいから20代半ばぐらいまでを「青年期」と位置づけている。

アイデンティティ論でもよく知られるアメリカの精神分析家エリクソンによる、心理社会的発達理論によれば、青年期は12歳～20代前半とされ、自分とはどんな人間かというアイデンティティに関心が向く、とされる（渡辺監修２０２１、22頁）。また青年期において、エリクソンによれば、アイデンティティの確立が重要な課題になるという。

アイデンティティの確立とは、自己を統一する心の動きで、どのように生きるかを意味する（林監修２０１０、１６０－１６１頁）。そして自我同一性を模索し、それを確立する時期であるこの時期を、エリクソンは人生において最も重要視している（齊藤２０１０、１４０頁）。

以上のことからわかるように、山田忍三という人物を知るうえで、アイデンティティの確立に大きく関わるとされる、彼の青年期をたどることには意味があるといえるであろう。

列車ボーイ

山田は、小学校を首席で卒業し、翌日から代用教員になるも、自分の性格が小学校の先生に向かないことを自覚したことから、わずか3か月で辞め、列車ボーイとなった（山田１９５２、１１４頁）。資料（苳１９２７、20頁）によれば、山田は13歳から16歳まで列車ボーイという仕事に就いていたとされる。

列車ボーイについては、少し説明を要する。当時の民鉄会社、山陽鉄道会社のサービスの１つであったのだが、山陽鉄道会社とは現在の山陽本線の前身となった会社である。１９０６

年（明治39年）に制定された鉄道国有法により、当時の私鉄17社が国有化され、後の日本国有鉄道へと変遷をたどるが、その旧国鉄広報部がかつて発行していた広報誌『R』の1962年（昭和37年）6月号「山陽本線の前身」では、「この鉄道は日本の発達史上、断然輝いている。つぎつぎに打ち出す進歩的なサービスには、ほかの官私鉄とも兜をぬいだ」と記している（長船2008年、17頁）。具体的には、日本で初めての食堂車、寝台車、赤帽などを採用したといわれ、くわえて列車ボーイもその1つであったとされる。

列車付きボーイ制度の採用は、山陽鉄道で1898年（明治31年）から実施されている。つまり、山田はその第一期生となる。

1898年（明治31年）9月20日付け『芸備日日新聞』によれば、「列車内にボーイを置く」という見出しで次の記事が掲載された。

『本日二十二日より上下四回の急行列車には列車付のボーイを置き一、二等客の為に用務を弁ぜしむる筈なりと、而して其ボーイの数は六名なりと云ふ、之れより山陽旅客は一層の便利を得るに至るべし』

では、列車付きボーイとは具体的にどのような仕事をしていたのか、その後の山陽鉄道の広告等から列記してみると次のようなものであった（長船２００８、１３０－１３１頁）。

・乗客の呼命に応じて用向を弁ぜしむるの旁ら不断室内の清掃に従事せしむ
・車船内からの発信のため電報頼信紙を用意し公衆電報取扱駅にて発信方取次ぐ
・夏期は軽便蚊帳を携帯せしめ一帳一夜金十銭にて貸し出し（明治32年8月24日より）
・（上等弁当については）乗務車掌又は「ボーイ」の通告に従ひ、ご注文あれば電報（無料）にて注文方取計ふべし

別の資料（注5）からは、「列車ボーイは高給取り」というタイトルで、次のように紹介している。

『「列車ボーイ」・・・1・2等車の乗客の身の回りの世話や食堂車での給仕などを仕事とした青少年です。１８９８（明治31）年、山陽鉄道の急行列車に初めて登場しました。同鉄道は、瀬戸内海の汽船との顧客競争もあり、乗客へのサービス向上のため、１９００年には日本で初の寝台車を導入しています。・・・鉄道国有法の制定（１９０６年）で国有鉄道となり、特急・寝台列車の増加に伴って列車ボーイも増えていきます。東京－下

関間は約20時間。新橋－大阪間の鉄道旅客運賃は6円4銭、新橋－神戸間の寝台車料金は下段7円、上段5円（1920〈大正9〉年）でした。24（大正13）年6月の記事は、旅行シーズンに入って収入増が見込まれる少年たちの実入りのよさを伝えています。東京鉄道管理局に所属する83人は16～31歳。1・2等車の乗客は、華族や官僚など富裕層が多く、まめに働く若者らに心付けをはずんだようです。日給や乗務手当とは別にボーイたちが得た心付けは、東京から神戸や下関への1往復で1人につき15～20円。月に8～10往復勤務したそうです。高等文官試験に合格した高等官（国家公務員の上級甲種またはⅠ種）の初任給が70円（1918年）でしたから月収としては破格といえます。』

また、山田の列車ボーイ時代にふれている資料もいくつかある。おの（1991、189－191頁）によれば、「婦人客に人気のボーイ」というタイトルで、次のように紹介している。

『サービスに力を入れた山陽鉄道では、明治31年9月、この急行に列車ボーイを乗務させ車内の掃除や乗客の案内や用事をさせた。列車ボーイの採用条件は「身体強健、容姿端麗」というもので、しつけも厳しかったので乗客からよろこばれた。特に美男子ぞろいなので婦人客にはおおもてで、ひいきのボーイの乗務する列車に乗る婦人客もいた。このころ、呉の海軍司令長官をしていた伊東祐亨大将（のちに元帥）はよくこの急行を利用していたが、いつもハキハキとした態度で応対し気のつくボーイに感心し、知り合いの実業家に書生として預けた。この青年がのち実業界に入り、東京の「白木屋」（いまの東急百貨店）の社長となった山田忍三氏である。』

この「呉の海軍司令長官をしていた伊東祐亨大将」とのくだりであるが、山田本人の著書でのこの部分に関するものを探してみると、伊東祐亨大将ではなく、西尾大尉のことを指しているようである。山田（1956、14－16頁）によれば、

『私が列車ボーイをしておるとき、一海軍士官が広島から神戸まで乗られた。この人が西尾という大尉で、日本海軍から独逸へ注文した、軍艦八雲の回航委員として渡欧するため、神戸まで乗られたのである。その当時欧洲行きの船はみな神戸から出ることになっておったから。西尾大尉は、呉付近で大演習があつたとき、水雷艇の艇長として偉名を轟かした俊才であつた。忠海付近の狭い海峡を敵軍が、あらゆる防備をしておる所を、夜半無事通過して大任を果されたのである。それは、水雷艇を真黒に塗り、一般民間の

漁船の如く装い、帆をあげ、ギイギイという櫓でこぐ音を立て、一方では、エンジンの音が、外部に洩れないように工夫し、ごくスロウで通過せられたのである。この創意工夫が、時の演習統監たる井上元帥に認められ、その女婿となられた人である。創意工夫は存外上役に認められる機会を作るのではあるまいか。西尾大尉が広島から乗られた日は、乗客が少く、一等車には西尾氏一人であつたので、ボーイは割合に暇であつた。私は一等車の隅で、新聞ばかり読んでおった。急行とはいいながら、その当時の急行は実にノロノロで、私も退屈であったが、お客さんの西尾さんも退屈の様子であつたので、姫路駅を出てから、私は西尾さんのそばに行き、話しはじめた。「海軍兵学校にはいつて、海軍士官になりたいのですが、何かよい方法はないでしょうか」私の顔をつくづくみつめながら、種々と理由を聞かれて、「それでは、予の義父が、目下呉で鎮守府司令長官をしておる。そのボーイになつたらどうか。ボーイから独学して兵学校にはいつた人も二、三あるから」と。是非御願しますということで、西尾氏はそれではというて、井上元帥に紹介状を書いて下さつた。そこで、私はその晩の下り列車で、直ちに呉に行き、司令長官付ボーイになつたのである。後日西尾氏が欧洲より帰朝後、私は西尾氏に「なぜ一片の御願で、私を元帥に推薦せられたのですか」と尋ねたら、「君が列車中で、新聞ばかり読んでおつたとき、予は君が新聞のどこを読むかと注意して見たら、君は一頁の上欄にある社説ばかり読んでおつた。アア感心な将来見込みのある青年だと思うておったとき、君から兵学校志願云々の話しがあつたので、すぐ世話をしたのだ」と、この話しを聞いて、私は驚いてしもうた。自分は社説が好きであつたから、読んでおつたので、なにも深い意味はなかつたのに—。世間というものはおかしなもので、お互に、一寸した行動でも、よほど注意しておらぬと、誰れが、どこで、どんな考えで、見ておるか、聞いておるかわからぬ。そしてこんな些事が存外人間の一生の運命を左右するものではあるまいか。』

また別の山田（1952、74－75頁）の著書によれば、

『私は十三才の時列車ボーイになったが、その頃の一等客はごく少数であった。或日の上り列車も、広島から乗車した海軍将校ただ一人であった。閑だったので、私は新聞ばかり読んでいた。丁度夕方姫路を通過する頃、その将校も寂しかったのか、私に話しかけられた。これが奇縁となり、私はその将校の義父、時の呉鎮守府司令長官付ボーイに採用された。これが私の出世する第一歩であった。見知らぬ一海軍将校が私を認めたのは、私の新聞の読み方が気に入ったのだそうな。その当時、私は新聞の論説と海外電報を好

んで読む癖があった。もし私が三面記事を読んでいたのだったら、私の今日がなかったかも知れぬ。・・・』

3−3　陸軍士官学校

資料（苳1927、19−22頁）によれば、その後、西尾大佐の紹介で井上元帥官舎付のボーイとなり、そこでの忠実な仕事、勤勉ぶりについて井上元帥も感心したという。こうした経緯を経て、軍人となるべく山田16歳のときに、当時転任して東京にいた西尾大佐（当時大尉）を頼って上京した。大尉は喜び迎えて親切に世話をし、そのおかげで山田は早稲田中学に通うことができた。ちなみに山田は、早稲田中学の4年生の編入試験に受験者85名中、1番で合格した。1年間通ったが、大尉が転任となり東京でたよる家がなくなった山田は、故郷山口県立山口中学校へ転校、その翌年中学の課程をおえた。ちなみにこの18歳のときの中学5年級の編入試験にも第1位で合格した（山田1952、103頁）。卒業後、陸軍士官学校を受験、合格し近衛歩兵第一連隊士官候補生として採用された。その後、山田が中尉の頃（注6）においても、彼は凜乎たる風采と優秀な頭脳で、前途有望な青年として近衛連隊内で注目されていた。その才幹に目をつけたのが当時陸軍歩兵学校長であった山田隆一中将であった。中将には娘ばかりで男の子がいなかったので、忍三に養子縁組を申し込んだのだが、忍三は、「わたしは貧しい百姓の子で、到底名誉ある山田家を継ぐべき資格はございません。」といって断っていた。しかし中将の熱心さにおれて最終的にはその申し入れを受諾するのだが、その際に忍三が提示した受諾の「条件」が彼の人となりを示していて興味深い。

その「条件」とは、

一、家名は継いでも財産は継がない。
二、陸軍大学の試験は絶対に受けぬ。
三、生活費の補助は絶対に受けぬ。
四、自己の性能に合わぬ職業を奉ぜぬ。
五、自己の自由を束縛されたくない。

こうした条件を聞いた中将は、ますます忍三の意気に惚れ込み、結果、忍三は山田姓を名乗ることとなる。

以上の列車ボーイ時代、陸軍士官学校時代の資料から明らかにされることとして、勤勉で実直、まわりの大人達が手助けしたくなるような魅力的な人柄がみえてくる。同時に見過ごせないのが、13歳から16歳という多感な時期に列車ボーイというサービス業に携わっていた経験である。サービス業をうまくこなしていくには、その顧客をよく理解して先手をうつ形でサービスを提供していかなければならない。また、そうしたことにやりがいや喜びを感じるようでないと、その成功も長続きもしないであろう。

その後、山田があっさりと陸軍少佐の地位を棄てて実業界に入り、その実業界でも成功したことは、単なる成り行きや偶然とはおもえない。やはり、この列車ボーイ時代のサービス業に携わっていた経験が、ベースにあると考えることが妥当ではないだろうか。

ここまでは、経営者としての「山田忍三」という人物のアイデンティティがどのように確立されていったかということを考察した。その結果からして、山田が少なくとも「優れたサービスが要求される百貨店の経営者」として、適任者であったということは示せたと考える。そうした意味において、山田による経営判断、決断の結果、委託仕入というビジネスモデルをあえて拡大させなかった証左の一端を明らかにできたとおもう。

3－4　白木屋の経営者であった時期

山田の略歴からわかるように、軍人を経て１９２４年（大正13年）に東京九段下で自動車販売業をはじめる。それが3年後には、神田神保町に６００坪の大店舗を構えるフォード代理店「山田自動車株式会社」にまで発展するも、1927年（昭和2年）白木屋百貨店常務の西野恵之助に懇望され、取締役営業部長として白木屋に入社することとなる。

当時の経緯（白木屋編1957、394頁）としては、山田がたまたま年末の買物を白木屋でしていたときに、小切手による支払いを拒絶されて直接、西野社長（注7）に面会した。その際、山田が白木屋の株をもつと言ったことから、話は発展して、西野社長からやがて白木屋入店をすすめられた。山田は年少時、山陽鉄道の列車ボーイとして、西野社長の配下にあったことがあり、いま白木屋の苦境を聞いて、白木屋立て直しに協力することを決意したとされる。

白木屋へ山田が入社して以降、めざましい活躍をするのであるが、以下その道筋、要点を順にたどっていきたいとおもう。

まずは、山田の白木屋入社前後の白木屋がおかれていた状況について把握したいとおもう。図表3－5「白木屋　当期純益金の推移」、図表3－6「白木屋　商品及貯蔵品残高の推移」は白木屋営業報告書より作成したもので、各年度の上期、下期のデータの推移をグラフ化したものである。図表3－5からわかるように、昭和元年下期の赤字にいたるまで業績は下がり続け、昭和2年下期に再び赤字にいたるがその後は安定基調となっている。こうした推移を営業報告書に書かれている「営業の概況」より追ってみた。

図表3－5　白木屋　当期純益金の推移

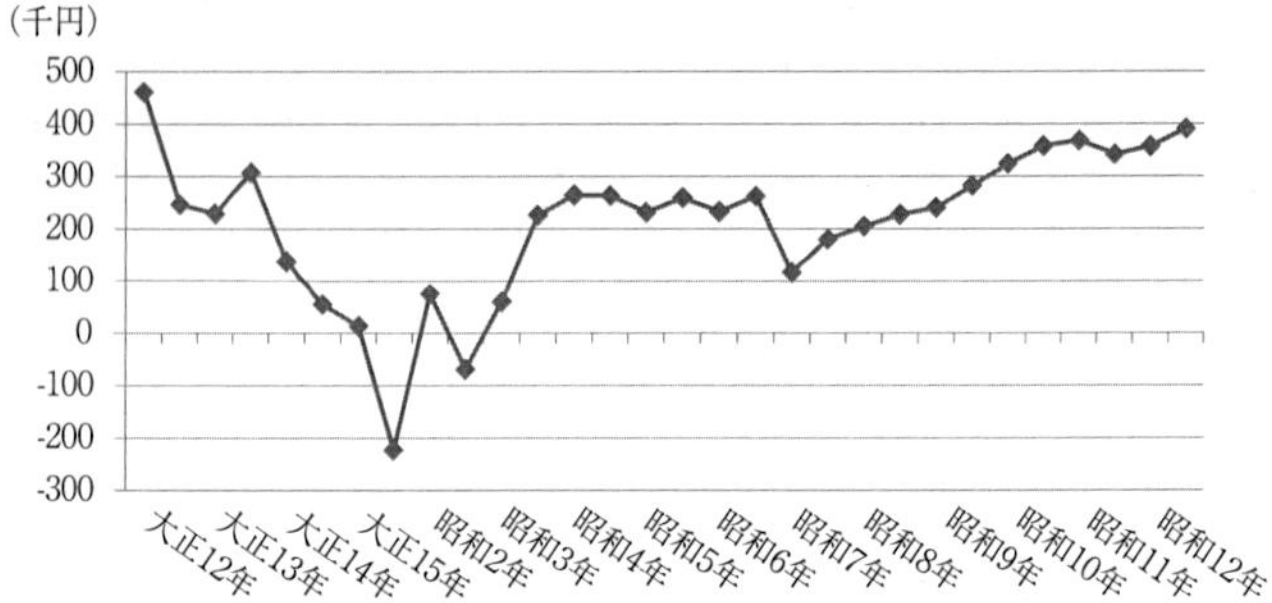

出所：営業報告書より作成（各年度，上期，下期の順で表示）。

大正15年上期（営業の概況）「当期一般小売界は不況の極とも云ふべき時期なりしも幸に当会社は販売価格の低廉を旗印とし殊に東京本店は区画整理不進捗の結果「バラック」建にて営業の次第なれば他同業に比し一層価格の低廉を実行するの必要あるを以て大いに之を励行したるが為め白木屋が一等安廉なりとの世評を博するに至り幸にして売上高は前年に比し大差なかりしも其利潤に至りて結局好果を齎す能はざりしは遺憾とする・・・・・・」

「バラック」建という記述があるが，これは1923年（大正12年）におきた関東大震災で本店が被災し，復興をすすめようとするも，東京市の復興計画の遅れから本店建設にとりかかれず，震災後4年ほどバラックでの営業を余儀なくされたことをいっている。

図表3－6　白木屋　商品及貯蔵品残高の推移

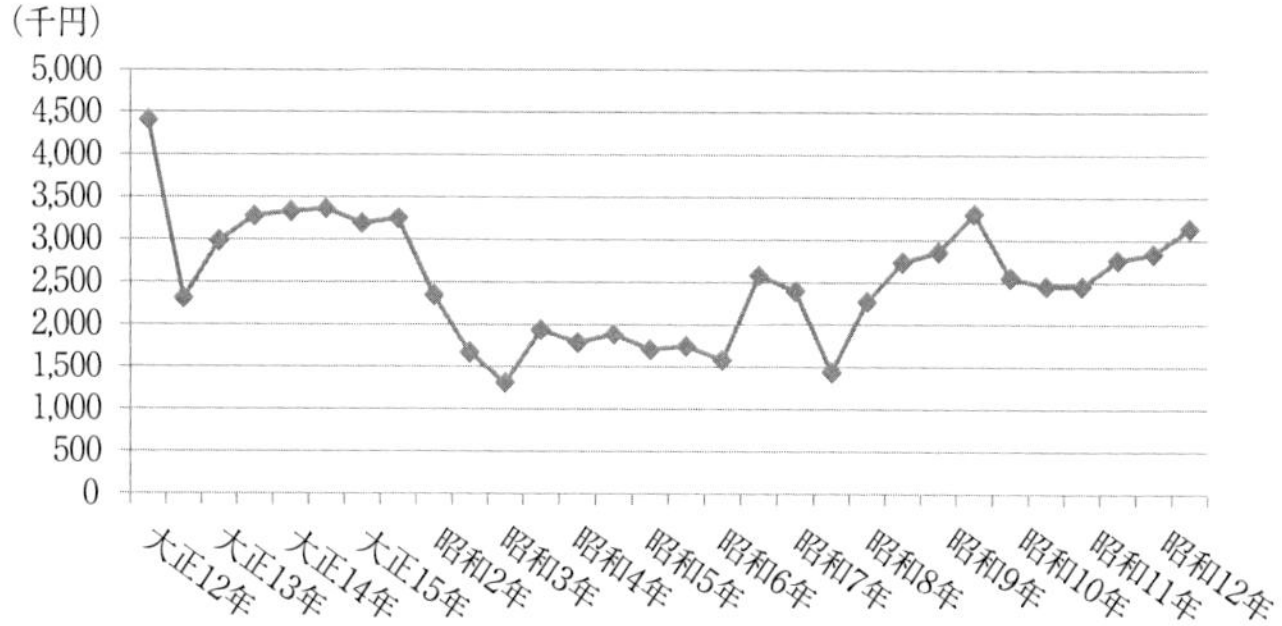

出所：営業報告書より作成（各年度，上期，下期の順で表示）。

昭和元年下期（営業の概況）「当期は一般物価低落甚たしく商況沈衰の極に至り・・・・・・収支計算に於て別表記上の如き結果を見るに至りしは遺憾の次第なり」

昭和2年上期（営業の概況）「当期は金融界の恐慌起り財界の不振最も甚たしく且つ引続き「パラック」に於て営業することを素より良好の結果を見る能はざりし・・・・・・」

昭和2年下期（営業の概況）「当期は会社営業主体たる東京本店の本建築工事の為め店舗の重要部分取毀に因る売場面積の狭小と電車交叉点を隔つる不便の地点に於ける営業の為別表の如き結果を見たるは遺憾とする・・・・・・」

山田が白木屋に入社したのは、昭和2年2月10日の臨時株主総会で取締役営業部長として選任されたときで、上記のごとく当時の白木屋はひん死の状態であった。しかし入社後の山田の活躍はめざましい。山田は就任して1カ月に間もない2月末には社員の大整理を敢行している。この整理が一段落した6月には専務取締役に就任し、山田は経営の実権をにぎった（白木屋編1957、394-396頁）。山田が経営の実権をにぎった翌月の朝日新聞（昭和2年7月29日付）では、「二百万円の社債で白木屋が衣更へ」というタイトルで、次のような記事が掲載されている。

『世の中が不景気だといってもデパートメントストアなどは案外の景気・・・・・・三越が第一、松坂屋などより下位であった松屋も銀座ビルデングに乗りだしてからは一流の百貨店になった。・・・・・・取り残されたのが白木屋だ。・・・・・・他の店がいづれも衣更したにもかかわらずいつまでも震災直後のままの見すぼらしいバラック建てだ・・・・・・区画整理も確定したのでいよいよ社債を起して衣更することになった。』

山田は懸案であった東京本店建設のための資金についても、見通しが危ぶまれていたが、社債の発行という手をつかってその工面に成功している。山田（1952、170-173頁）本人も、このときのことを「二百万円の社債を自己募集という形で、白木屋の店舗を一万坪に拡大するため、銀行など外部にたよることなく、社員一丸となって自前で資金を調達し大店舗を成しえた」、と記述している。

山田の次の一手が「ストック（在庫商品）の現金化」と「委託販売の活用」である。山田（1928、67－68頁）本人による雑誌記事によれば、山田が入社した当時、多くのストックがあったがストックの整理は帳簿上に損失をきたすからといっておこなわれていなかった。しかし山田はこのストックを五割引きでも処分して資金化しようと決断した。結果、ストックの量を大幅に減少させている。

さらに「委託販売の活用」では、特別現金仕入と称し、毎月一定の日時にその棚卸しを発行してその期間の販売額を調べそれに対して月末現金にて支払うという制度であるが漸次拡大していった。結果、昭和2年とその前年の大正15年度とを比較して、特別現金仕入の仕入総額に対する比率をみるに、大正15年度4・0％だったものが昭和2年度には48・5％となっている。物価変動の激しい当時、小売商の最も悩んでいる点は、手持ち商品の値下りによる損害である。しかし白木屋ではこの特別現金仕入法採用の結果、物価変動の危険負担を免れることができ、同業者の羨望の的となったとされる（山田 1930b、37－38頁）。

山田のこうした再建策は、劇的な変化を白木屋にもたらした。図表3－6から明らかなように、商品及貯蔵品残高は、山田が入社する前の水準にくらべて、入社後は減少し低い水準をしばらく保っている。同時に、図表3－5からは、山田入社後の昭和2年下期をボトムとして、昭和7年の左記特殊要因による一時的減益を除いては、その後安定した当期純利益を計上し続けている。

昭和7年上期（営業の概況）「・・・・・・三月以降物価は再び下落の歩調を辿り特に満州問題及農村問題は極度に・・・・・・購買力は著しく減退し営業を甚たしく困難ならしむるものありたり・・・・・・」

昭和7年下期（営業の概況）「・・・・・・十二月中旬に於て日本橋本店が不慮の災禍に遭遇し、暫くの臨時休業と営業面積の半減との余儀なき事情に立ち至りし為め・・・・・・」

山田のこうした数々の再建策が実を結び、白木屋の経営が安定した昭和10年代には、「白木屋の存在を明かなものにしたのは、実に山田忍三の功績である（武田経済研究所編 1938、66頁）。」、「山田のいる以上グレート白木屋は微動だにもしないであらう（人物評論社編 1938、93頁）。」などと、山田の功績がさかんにもてはやされている。

しかし、前述したように、白木屋再建において起死回生策となった委託販売は、食料品など一部を除いて昭和8年には、原則として禁止している。山田編（1934、5－6頁）によれば、昭和8年1月17日、白木屋の仕入について、左記の決めごとが通達されている。

一、仕入の取引及商品の検査は「係長又は次席者」必ず自ら之れを行ふべし。

二、市場調査、売行調査等は仕入係員の任務にして、其他の仕入事務については総て係長の指揮命令に従い服務のこと。

三、特別仕入は漸次本仕入とすべし。但し商品の性質上特別仕入を適当とするものは改正するに及ばず。

四、問屋に対し商品の返品は原則として之を禁ず。但し其必要ある時は其都度社長の許可を受くべし。

五、即時払現金仕入を有利とする時は一般習慣に遵ひ若干の割引を以ってするを原則とす。但しこの仕入を為さんとする時は其都度社長の許可を受くべし。

この通達からは、委託販売のもつメリット、デメリットを十分認識したうえで、デメリットを最小限にとどめなければならないという強い意志が伝わってくる。

3－5　経営者としての山田忍三

大阪朝日新聞（昭和7年6月24日付）では、「白木屋の一石が描く波紋」というタイトルで、次のような記事が掲載されている。

『白木屋大阪支店が7月限り閉鎖する―小売業界の王座を占めて豪華な繁栄を謳うていたデパートが不況の大波に洗はれて、それを乗切るべく大安売、特価提供のオンパレードを続けてきた昨年度のあの真剣あがき。そのなかに立って苦杯を重ねてきた白木屋が多年培った歴史と老舗と面目をかなぐり捨て大阪から退却しようというのだ・・・・・。竹内三越支店長－先般山田白木屋専務と会った際にも大切開をやった方がよかろうと話した次第ですが、大阪白木屋今日の擧は当然の処置でせう・・・・・』

これは、山田の経営者としての先見力と決断力を示す1つのエピソードといえる。当時業績不振で、同時に立地条件の悪化が懸念されていた大阪支店が致命的な影響を本店に及ぼす前に、見栄も外聞も関係なく、山田が経営者として冷静な見通しをふまえて、大阪支店閉鎖という重い決断を下したと考えられよう。

こうしたエピソードからも明らかなように、山田は委託販売についてもそのメリット、デメリットを十分認識したうえで、原則禁止を決断したと考えられる。単に業績的に追いつめられておこなったのではないことは、図表3－5「白木屋　当期純益金の推移」をみても推察できるであろう。

昭和初期、委託仕入が拡大するにいたらなかった主な理由として、「百貨店の経営環境」の視点からは、第2章でふれたように、デフレ現象下の恐慌時という経済環境のもとで、百貨店は廉売を営業政策の中心に位置づけて、猛烈な廉売戦を百貨店間でくりひろげるという経営環境にあったといえる。つまり委託仕入という方法では、商品価格を下げる圧力下で、一方的に在庫リスクを問屋に押しつけてしまうことから、当時の経営環境からして、問屋にとっては、受け入れ続けることは困難な取引形態であったことが指摘される。

また経営者としての「山田忍三」という視点からは、その先見力と決断力のもと、当時の百貨店経営環境をふまえたうえで、委託仕入を続けることでの百貨店内外におよぶ影響への危機感により、自らあえて拡大させなかったといえよう。

ここまでの考察からいえることとして、百貨店における特徴的ビジネスモデル、すなわち「百貨店ビジネスの仕組み」を説明するうえで、その「仕入形態」が大きな要素の1つであることを再認識する必要があると考える。

さらに、山田による委託仕入に関する知見として、とくにデメリットの部分で、

・店に責任が少ない委託品という考えで仕入れると、商品はきまって売れない。つまり返品が多くなり、結果として問屋がいう事を聞かなくなる。

からは、商品在庫（売れ残り）リスクを負わない仕入形態を続ければ、納入業者側の負担がより増えるだけで、リスクのない百貨店側からすれば、商品を売り切ろうといったモチベーションが小さくなることから、これらを問題視したことは想像に難くないであろう。これらのことは、近年の調査結果である、図表3－2「MDに関する問屋へのアンケート結果」をみても明白であろう。

もっとも看過できないのは、商品が売れ残ったとしても、百貨店にとっては大した問題ではないといった価値観が百貨店経営組織で醸成されることである。だからこそ、山田は白木屋再建において起死回生策となった委託販売を昭和8年には、経営組織での決め事として、原則禁止したと考えられる。

百貨店は1980年以降、百貨店における委託仕入、売上仕入（消化仕入）といった、在庫リスクを負わない仕入形態に大きく依存してきた。その結果、本章の冒頭でも紹介した、百貨店における委託仕入を中心とする1つのビジネスモデルは、そのデメリットとしての納入業者依存、顧客サービスの低下、MD力の低下、価格決定権の喪失、低収益体質、売場構成の同質化といった問題を抱えたとされるが、山田の認識に沿えば、これらはむしろ必然の結果であるともいえるのではないだろうか。このデメリットについては、近年でも繰り返し指摘されていることである。

よってこれらの問題の捉え方については、ビジネスモデルの変革を求められているにもかかわらず、経営組織として対応できていない。そしてなぜ対応できていないのか、という視点から捉えることが適切であると考えられる。

【注】

（1）経済産業省「百貨店研究会報告書２０２１年7月7日」（https://www.meti.go.jp/shingikai/mono_info_service/department_store/20210707_report.html　２０２３年4月6日アクセス）。

（2）「文化は世につれ（2）アパレルに明暗、成算なき量産の果てに――「コスパ重視」へ変わった消費者（平成の30年陶酔のさきに）」という記事タイトル。

（3）J．フロントリテイリングホームページ「百貨店革新」（https://www.j-front-retailing.com/ir/strategic_policy/rebuilding_shinsaibashi.html　２０２３年3月26日アクセス）。

（4）これらの指摘に関する記述は、江尻　弘『百貨店返品制の研究』（中央経済社、２００３年）が詳しい。

（5）朝日新聞デジタル「列車ボーイは高級取り」（http://www.asahi.com/special/kotoba/archive2015/mukashino/2014061200001.html　２０２２年9月19日アクセス）。

（6）正確な年号を示す資料をみつけることはできなかったが、当時陸軍士官学校を卒業して数年で中尉になっているという事実を示す諸資料から察するに、20代前半のできごとと考えられる。

（7）蛇の目ミシン工業編（1971、364－366頁）では、「白木屋百貨店常務の西野恵之助に熱心に勧誘されて」と記されているが、白木屋編（1957、394頁）によれば当時西野は常務ではなく社長であったことが確認される。

参考文献

池尾恭一（1997）「百貨店の低迷と再成への課題」田島義博・原田英生編『ゼミナール流通入門』日本経済新聞社。

伊藤元重（1998）『百貨店の未来』日本経済新聞社。

江尻　弘（1994）『百貨店の再興』中央経済社。

江尻　弘（2003）『百貨店返品制の研究』中央経済社。

奥田　務（2014）『未完の流通革命』日経BP社。

長船友則（2008）『山陽鉄道物語』JTBパブリッシング。

おのつよし（1991）『日本の鉄道　100ものがたり』文藝春秋。

樫山純三（1976）『走れオンワード』日本経済新聞社。

齊藤　勇（2010）『心理学入門』誠信書房。

蛇の目ミシン工業編（1971）『蛇の目ミシン創業50年史』。

白木屋編（1957）『白木屋三百年史』。

人物評論社編（1938）『時代を創る者』。

高丘秀昭・小山周三（1984）『現代の百貨店』日本経済新聞社。

武田経済研究所編（1938）『非常時財界の首脳』。

坪井晋也（2009）『百貨店の経営に関する研究』学文社。

坪井晋也（2013）「委託仕入に関する一考察（2）山田忍三について」『倉敷市立短期大学研究紀要』第57号、97－107頁。

坪井晋也（2021）「百貨店」坪井晋也・河田賢一編『流通と小売経営』創成社。

日経流通新聞編（1985）『百貨店に明日はあるか』日本経済新聞社。

日本経済新聞社編（1961）『百貨店の話』。

林　洋一監修（2010）『よくわかる発達心理学』ナツメ社。

百貨店業労働力確保等問題懇談会編（1994）『新しい百貨店像をめざして』。

茎　衣生（1927）「山田忍三氏奮闘傳」『実業之日本』第三十巻第九号。

山田忍三（1928）「資金の高速回転法」『実業之日本』第三十一巻第十九号。

山田忍三（1930a）『百貨店経営と小売業』千倉書房。

山田忍三（1930b）「無駄征伐斯くの如し」『商店界』十一月号。

山田忍三編（1934）『昭和八年の経営』白木屋。

山田忍三（1952）『頑張る力・人生経営』高風館。

山田忍三（1956）『私の先生・人生経営』高風館。

渡辺弥生監修（2021）『よくわかる発達心理学』ナツメ社。

第4章　戦前期の松坂屋静岡店

ここまでの記述をいったん振り返ると、第2章では、次のような指摘をおこなった。すなわち、きびしいデフレ現象下といえる同様の経済環境のもと、昭和初期の百貨店は、これまでの指摘にあるように、積極果敢に環境変化への適応を試みていたといえよう。それとは対照的に「失われた10年」ともいわれる平成不況、そしてその後も続く経済低迷から「失われた20年」、「失われた30年」、ともいわれる経済低迷期においては、百貨店は、積極果敢に環境変化への適応を試みてきたとはいい難く、少なくとも顧客視点からは、百貨店の業績不振が示すように、そのような変化はみてとれなかったといえよう。

また、第3章では、同じく昭和初期での白木屋の山田忍三による委託仕入への認識をふまえ、結果的に白木屋は、昭和8年には委託仕入を原則として禁止していて、この時期の百貨店において委託仕入が拡大することはなかった、としている。

こうした文脈からも、時代背景としての昭和初期の百貨店というものに強く関心をもつものである。そうしたなか、筆者の所属する大学の地元、静岡にはまさに昭和初期、昭和7年（1932年）に開店した松坂屋静岡店の存在があり、くわえてその静岡店に限定された研究は多くないことからも、興味をそそられずにはいられないであろう。

松坂屋静岡店は、筆者のゼミ生のフィールドワークでもお世話になっていることから、販売促進部門を担当されている木庭英之様に、松坂屋静岡店の開店期、開店後に関する資料の開示を相談したところ、協力していただけることとなり、以下のような資料にめぐり合うことができた。

令和4年（2022年）時点で90周年となる同店であるが、松坂屋百年史など、松坂屋全体に関する資料はこれまでいくつか編纂されている。そうしたものにくわえて、今回、開示された資料のなかで、静岡店に限定されている「静岡店開店60年史編纂委員会」による資料を目にすることができた。

この資料のなかから、「資料の目的」とするところを抜粋すると、

静岡松友会会員の皆様へ　平成4年3月13日

静岡店開店60年史編纂委員会

静岡店開店60年史について（お願い）

・・・さて、静岡店は諸先輩方のお陰をもちまして、本年11月20日に開店60年を迎えます。この輝かしい歴史の中には、松坂屋らしい顧客サービスと地域社会に果たした数々の貢献等があったと存じます。

そこで、私どもは百貨店の原点を歴史に学び、今後の静岡店の進むべき方向をとらえるため「静岡店開店60年史」をまとめたいと考えております。

つきましては、

① 静岡店の特筆すべき顧客サービス
② 地域社会への貢献（社会奉仕、協力等）
③ 地域文化への貢献（イベント等）
④ お客様ご紹介（静岡店ご贔屓のお客様）
⑤ その他

以上の編集にご協力いただければ誠にありがたいと存じます。

また、上記に係わらず、ご意見、資料等賜ることができましたら、是非ともお寄せいただきますようお願い申しあげます。

という内容から、静岡店に限定されていて、静岡店開店60年史編纂に向けての打合せ会の記録であるとおもわれる。これらの資料（報告）の内容は、6名のOBと店側スタッフ4名による座談会形式の発言記録であり、当時の生の声が記録されているという意味において、たいへん貴重なものとおもわれる。戦前編と戦後編というテーマで、2回分の打合わせ会の報告書がファイルに綴じられている。

座談会形式で、当時のことを知っている、分かりあっている方々同士の発言のやり取りも多いため、解説しながら進めていきたいとおもう。まずは同ファイルにあった松坂屋静岡店の沿革を基礎的な知識としておさえておきたい。

＜株式会社松坂屋静岡店の沿革＞
1932年（昭和7年）静岡店開店　地下1階地上5階6、200㎡
1933年（昭和8年）沼津出張所開設
1935年（昭和10年）6・7階増改築工事落成7、200㎡
1940年（昭和15年）静岡市大火により静岡店類焼
〃　（〃）市内5ヶ所へ日用品市場開設
〃　（〃）地階1・2階仮修復　営業再開
1941年（昭和16年）復興第1期工事落成（4階以上）

〃　（〃　）６階ニュース映画場新設
１９４２年（昭和17年）復興第２期工事落成
１９４５年（昭和20年）戦火により本館地下１・５階を残し付属建物とともに消失
１９４９年（昭和24年）婚礼式場「祥鳳殿」新設
１９５３年（昭和28年）清水出張所開設
１９５６年（昭和31年）新館新築落成
１９５７年（昭和32年）７階特別食堂改装営業開始
１９６１年（昭和36年）事務館増築完成
１９６４年（昭和39年）富士出張所開設
１９６７年（昭和42年）清水出張所（現営業所）新築移転
１９７０年（昭和45年）増築新館開店、富士出張所（現営業所）新築移転
１９７１年（昭和46年）全館新装開店
１９７２年（昭和47年）床面積増加申請許可２８４、８４５㎡
１９７９年（昭和54年）第２パーキングタワー新設（１２０台収容）
１９８１年（昭和56年）焼津出張所開設
１９８２年（昭和57年）開店50年を迎える

1984年（昭和59年）3階フロア全面改装
1985年（昭和60年）4・6階フロア全面改装、焼津営業所新築移転
1987年（昭和62年）2階フロア全面改装
1988年（昭和63年）5階フロア全面改装
1989年（平成元年）1階フロア全面改装
1990年（平成2年）第2パーキングタワー1基増設（33台収容）
1991年（平成3年）清水ギフトショップ新築移転
平成2年度　従業員数461名

途中、二度の火災を経ても、復興することで静岡経済の一端を長期間、担ってきたことがうかがえる。しかし、その誕生までの経緯はそう簡単なものではなかったようである。

松坂屋百年史（2010、75－76頁）によれば、

『「静岡県初の近代的百貨店の誕生」と題して、1930年（昭和5）、静岡駅前の土地所有者（静岡米穀肥料委託）から百貨店の誘致計画が持ち込まれた。静岡市は、東海道筋では名古屋市（当時の人口約90万人）、横浜市（同62万人）に次ぐ中核都市（同14万）

で、しかも駅前繁華街の入口という好立地であったため進出を決定した。1932年2月、賃貸契約を締結するとともに、ビルの建築資金援助を行う朝日興業株（資本金300万円、全額松坂屋出資）を設立して、工事に着手した（同社は1950年4月に松坂屋に吸収合併）。松坂屋進出の情報が流れると、地元で反対運動が起こった。これがきっかけとなり、のち1937年に「百貨店法」が生まれたといわれるほど小売業者の抵抗は激しいものであったが、その後、静岡民友新聞（現静岡新聞）が地域の発展には百貨店が必要と主張したこともあり、やがて沈静化に向かった。1932年11月20日、地下1階・地上6階建て、耐飛耐火鉄筋コンクリート造りの本館と木造2階建ての事務館（合せて総面積6、200㎡）が静岡米穀肥料委託を建築主として完成し、松坂屋が賃借する形で開店した。「東海随一の実用百貨店」を謳い、豊富な品揃え、低価格を宣伝した静岡店は、4階に常時特売場、地階に10銭・20銭均一市場を設けるなどして好評を博し、その顧客動員力をもって地元の商店街をも潤したので、反対の声は次第に消えていった。以来、着実に地歩を固め、1935年に6階の半分と7階を増築、総面積7、233㎡の店舗となった。』

地元での反対運動は、かなり激しいものであったことから、開店にいたるまではさまざまな困難な出来事があったこと（注1）と同時に、百貨店が当時の顧客から支持される存在であり、それが中小小売業者からは大きな脅威と捉えられたことがうかがえる。

また「静岡店開店60年史編纂委員会」が発足した背景とおもわれる記載もみられた（松坂屋編２０１０、１８７－１８８頁）。

『「開店60年記念催事」と題して、静岡店は、１９３２年（昭和７）11月、松坂屋5番目の店舗としてオープンして以来、地元市民に愛され、親しまれる店づくりに努め、同地区の繁栄とともに大きく成長し、１９９２年（平成４）に開店60年を迎えた。同店ではこの記念すべき年にあたり、これまでご愛顧いただいたお客様と地元地域への感謝の気持ちを込めた各種の感謝セールやイベント、催事を年初から全店を挙げて展開した。なかでも、60年の記念行事の一環として、地元に根差した地域文化の振興に貢献したいという主旨で、開催した「カペレ・シズオカ（静岡室内管弦楽団）特別演奏会」と「カトレヤ杯お母さんコーラスフェスタ」は予想を上回る人気となり、大好評を博した。これらの市民参加型の店外文化イベントをはじめ、同店では「加賀百万石銘舗名品展」や「山下清展」「草月流生花展」などのさまざまな記念催事を開催した。』

としていて、開店60年という節目をメモリアルな位置づけとしたことから、「静岡店開店60年史編纂委員会」が発足したものと推察される。

ここより、静岡店開店60年史編纂委員会での第1回60年史OBとの打合せ会（報告）の内容に入っていきたいとおもう。第1回は戦前編というテーマで、OBと店側スタッフによる座談会形式の発言記録であるが、それらの発言内容のうち、興味深いものを抜粋していきたいとおもう。

なお、戦前編というテーマではあっても、話の成り行きで、戦中、戦後に関わる内容の発言もみられたが、文脈として捉えることで、そのまま発言記録として残したものもいくつか含まれる。

• 「・・・調べますと歴史は詳しく載っているのですが、OBの皆様から実際の戦前の出来事等を生の声で聞かせていただければ幸いです。・・・それには開店の時とか、静岡大火の時とか、終戦、戦後で大きい事件といえば増築、そして今度お陰様で平成6年別館が建ちます。そういう大きな事件に居合わせた先輩方がどういう思いでいたのか。・・・今日は戦前編ということで、テーマは変わっても構わないのですが、私たちの思いますのに開店の時のこと、静岡大火のこと、終戦のことなどお話しをいただきたい。・・・」

・「開店の頃の話しですが、・・・東京と名古屋の間をよその百貨店が入り込む前につながなければいけないと言うことになり、まず一番大きい都市はどこか？　・・・そこで候補にあがったのが静岡だったのです。人口も18万5千人と多く、貯金もあって納税も多く、購買力もある。その他に熱海・沼津も挙げられたが、そういう点で静岡にはかなわなかった。」

・「昭和7年よりも前に、もうすでに名古屋に東京の店がたくさんでていたようですね。呉服店とか・・・そこが地区販売を行って静岡に当りがあったんでしょうね。」

この地区販売というのは、当時の地元小売商へ深刻なダメージを与えたとされる「百貨店の出張販売」のことを指しているとおもわれる。

・「若竹座という芝居小屋で2日位にわたって販売したんです。盛況でしてね、売り上げも良かった。当時・・・購買力なんかを調べて税務署に提出したんです。」

この若竹座での販売は、静岡民友新聞（昭和5年5月6日付）の広告で確認できる。「東京松坂屋出張大売出し」で、「5月7日、8日、9日の3日間、午前8時より午後5時半まで、静岡市寺町若竹座にて」、としている。「東都流行の季節向呉服雑貨を豊富に取揃え先駆の大廉売」と銘打っていることから、東京で流行している商品が安く買えるというところを訴求ポイントとしていて、それが地元の方にも受け入れられたとおもわれる。

- 「記録によると昭和5年に・・・話しを持っていったというふうに書いております。・・・から名古屋の社長に自ら会って決めたと聞いております。」
- 「それは、その年の前の問題か後の問題か分からないんでしょ。・・・。ですからそれが社説で、百貨店進出は経済の発展につながるということを静岡新聞に発表してくれた。だからそれで一部世論が治まったというふうになっているようですね。」

静岡新聞とあるが当時の有力紙、静岡民友新聞のこととおもわれ、「社説」に該当するとおもわれる記事が昭和5年9月23日付でみられる。

「大デパートの侵入　清水で歓迎の相談　静岡市でも反対するのは時代錯誤だとの意見が多い」との見出しで、

『三越呉服店が静岡市呉服町4丁目に支店を設けるとの比較的進んだ計画の内容がパッともれて実業協会の対応策となり決議となった事は既報の通りであるが、その後同呉服店の意思は却却に強固で万一同所が出来なかったら七間町又は両替町方面に物色しやうと計画しているとの事であるが反対側においてもその後熟考の結果かかる計画を阻止する事は時代錯誤で大商店の開業はむしろ土地繁栄の原因をなすものであり、これによって各地より購買者が来り各商店はその余波を受けて繁盛するに至るべく又三越等の仕入れも土地に生産するものは土地の商人より仕入れる事になり百利あって少しも損害のないものであるから、むしろ金沢市の如く土地の商人が卒先して大デパートメントの侵入を歓迎するが得策であるとの意見が盛んであるといふことだが静岡で反対するならば清水へ持って行って建築するとの内議があり清水市の有志中ではこの際清水市へ大建築をなしたらば静岡の顧客を清水へ引寄せる事が出来やうと寄り〳〵相談中であるとのことだ。』

この新聞記事の影響で、百貨店進出への反対運動が和らいだと、解釈されるであろう。

当時の静岡における新聞事情についてもふれておきたい。当時、静岡では有力紙として静岡民友新聞、静岡新報などがあったが、政府による戦争に向けた世論形成の推進と言論、思想の統制強化のもと、新聞の統廃合が進められた。1県1紙という政策から、最終的には統合後の主導権を静岡民友新聞がもつ形で、静岡新聞が誕生し、昭和16年（1941年）12月1日に創刊した（静岡新聞75年史社史編纂部会編2016、229－231頁）。

- 「昭和5年かなー、4年かなー、そのころ不景気だったんですけどね、金持ちは、金を使ってたんですよね。「今日は三越、明日は帝劇」ということばもありました。本当に不景気でしたよ。」
- 「昭和3年、・・・。上野の店が4年に出来る為に、大幅に人手を増やし、全国から350人ぐらいの人を集めたんです。試験を各所で行ない、320人決定されて、みんな名古屋に集まって、半年間顔を合わせて教育したんです。その時150人が上野店に行ったんです。」

「上野の店が4年に出来る」、とあるが、これは昭和4年3月に当時の最新設備を備えた上野店の本館完成、4月1日に開店したことを指しているとおもわれる。昭和初期という厳しい経済環境でありながら、松坂屋上野店の復興開店などの積極策からも、大正15年（昭和元年）の売上高は58、127千円、昭和2年は66、907千円、昭和3年は65、392千円、昭和4年は72、293千円と、発展をとげている一端がみてとれる（松坂屋編1964、165頁）。

- 「私は昭和5年に入った。学校を出て1年浪人してその年は、松坂屋は採用しなかったんです。で、1年待って入ったんです。不景気でしてね・・・」
- 「私ら百姓は、米を作っても米を食べられない・・・そんな時代でしたね。」
- 「昭和10年代のときに、当時の月給が40円あれば、長屋を買えて夫婦で生活が出来たという時代でしょ。だけどその当時の人は、我々もそうだったけれど、実際にはラジオもないし何もなくって、ただ食ってただ働いて食ってという繰り返しですよね。ですから不景気だと言うのが今の人達の不景気とそのときの我々が感じてる不景気とは違うと思うんですよ。働く所も限られていました。」
- 「入った時どのくらいもらえたんですか？」
- 「昭和5・6・7年ごろは、初任給はだんだん下がってきたんです。私が入った昭和3年の時、名古屋と東京では1割違ったということです。子供・小手代・手代と分かれていて、子供が2年半、小手代が2年、それで手代。手代になると月給になる。それまでは手当てで、私が入った時は5円でした。1年経つと50銭上がって5円50銭、2年目からは6円、小手代になると10円、それから1年経つと11円、12円というふうに上がっていった。」

松坂屋における「子供」とは丁稚のことで、松坂屋では古くから用いられたものである。例えば、松坂屋資料室企画展Vol.31『安永元年　上野店店内見取り図』を読み解く——呉服店奉公人の仕事——、のなかでも子供の仕事として、「お茶を出す子供」、「反物を運ぶ子供」、「お釣りを渡す子供」などの仕事ぶりとおもてなしの様子が描かれていることが、紹介されている。

また「子供」に関わるエピソードとして、のちの新選組副長・土方歳三（1835－1869）の丁稚奉公について紹介されているものも見られる。土方歳三は、1845（弘化2）、数え11歳のときに上野店に奉公に上がったといわれる。始まりは丁稚で、松坂屋ではこれを平子供と呼んだ。最初の2ヵ月ぐらいは店内に座って、先輩たちの立ち振る舞いを見るのが仕事であった。やがて、仕事の合間を縫って1時間ほど実地教育を受けるようになり、閉店後も行灯を囲んで勉強した。丁稚が外出を許されるのは、春秋の彼岸の芝居見物、春の花見、秋の観菊と年4回だけであった。芝居見物は教育も兼ねており、歌舞伎を観劇させることで最新の流行を教えたのである。最初の薮入り（里帰り）は入店から2年後であったが、番頭と衝突した歳三は、これを待たずに生家へ帰ったと伝えられている（松坂屋編 2010、38頁）。

- 「昭和11年に僕が小手代になったときは、28円でしたね。」
- 「百貨店法ができてお休みも取れるようになったね。」

この百貨店法とは、昭和12年（1937年）、最初の小売形態間調整政策に関する立法化としての第1次百貨店法を指しているとおもわれる。同法は中小小売業者を守ることなどを主目的としていて、百貨店の営業を制限するものであった。

- 「初めての定休日というのが8日・18日・28日になったのは、昭和14年8月からなんだよね。その前は確か月2日だったんだよね。8の日は3回。その前は2回だった記憶があるんだけどね。」

初めての定休日というのが昭和14年（1939年）からだとすると、戦争による統制強化として、同一都市内での休日が一斉などと制限された、百貨店組合営業統制規程のことを指しているとおもわれる（松坂屋編 2010、88頁）。

- 「1回だよ。」
- 「1回か？」
- 「1回半だよ。」
- 「盆と暮しかなかったよ。（しばし騒然となる）中元・歳暮が夜間営業でね、21：30〜22：00頃までやったんじゃないかな。」
- 「それでさ、別館の事務所の宣伝課の脇に喜座場があったんです。喜座場に行くと食券を1枚くれるんです。夜間手当てはないから、夕食のその喜座券の丼が手当てだったんですよね。」

この「喜座場」という表現はいわゆる符牒といわれるものである。符牒とは、商取引で使われる値段などの隠語を意味する。例えばその業界やその企業だけなどで通用する特殊な語ともいえよう。J．フロントリテイリング史料館によれば、松坂屋での「喜座場（キザバ）」とは、食堂を意味し、「喜座（キザ）」とは食事を意味する。

・「〝朝間廉売〟だったですよ。開店するとだいたい売れちゃったね。そのとき覚えているのは、「満寿一」という酒を1本1円で売ったんです。」

・「安いんだか高いんだか良くわからないなー。ちょっと話しは変わりますが、今売場をどういう構成にしようか、一生懸命考えているんですけどね、昭和7年の売場構成っていうのは、どうなっていたんですか？　地下はあったんですか？」

・「地下が食品、1階が婦人洋品雑貨、2階が子供服・子供洋品、3階が呉服・・・だからね、売場の編成っていうのが全部呉服主体だった訳です。」

・「今でいう婦人服ですね。」

・「だから4階の寝具・布団、夜具等の実用品。3階の高級呉服、2階が子供と紳士、1階が婦人洋品雑貨、地階が食品・・・だけど、ずっとみていますと、昔から特売場がありま

図表４－１　松坂屋静岡店開店を知らせる新聞広告

出所：当時の静岡新報，静岡民友新聞のいずれも開店前日である11月19日付の一面広告として掲載されたもの。

したね。・・・。その頃の売り出しは、今と形態が違ってた。常設特売場というのが食品のところにもあって、またこれがよく売れた。皆それを狙って来た。」

昭和7年の開店時の売場構成については、図表4－1「松坂屋静岡店開店を知らせる新聞広告」から知ることができる。左上の「建築設備と店内配置」の部分であるが、それによると、

屋階　展望場
6階ベランダ及屋階　松坂遊園
6階　展覧会場　ホール（収容300人）
5階　和洋家具　電気瓦斯器具　食器類　漆器　金物　茶生花道具　楽器　蓄音機
　写真機及材料　硝子器　食堂　美容室
4階　木綿織物　裏地　型染　レイヨン　既製和服　コート　夜具　座布団　特売場
3階　呉服類　友禅　小紋　無地絹　お召　銘仙　帯地　モス　セル　広巾織物　半
　襟小物　貴金属　新柄陳列場　来賓室　日本間
2階　コドモ用品　婦人子供服　雑誌　文房具　玩具　乗物　男子洋服　靴　鞄　運

　　　動具　運動着　休憩室
1階　洋雑貨類　シャツ下着　帽子類　ショール　傘履物　小間物　化粧品　手編材
　　　料　薬品　商品券売場　たばこ　静岡案内所
地階　食料品類　和洋酒　缶瓶類　鰹節　海苔　お茶　和洋菓子　パン　均一市場
　　　御手荷物渡所　御品渡所　食堂　静岡名産即売所

となっていて、ほぼ近代百貨店に匹敵するアソートメントの幅を有していたといえるであろう。

- 「この頃あんまり言わないけど、「生活と文化を結ぶマツザカヤ」なかなかいい文句だね。実際その通りのことを松坂屋はしてきた。文化に貢献し、尽くしてきたんです。」
- 「『生活と文化を結ぶマツザカヤ』というのは、全国から募集したんですよ。だから何千という投書の中からあれは生まれてきたんですよ。」
- 「いまだにそれを越えるキャッチフレーズは出てきませんね。」

図表4－2　宣伝標語　生活と文化を結ぶマツザカヤを記載した広告（1950年）

出所：松坂屋編（2010, p.99）。

・「『生活』と言う事は、いろいろ・・・スーパーだとかたくさん出てますがね、安売りのはしりはうちなんです。上野店なんかは特売で物凄かったですよ。台がおされちゃってレジが打てなかった。」

この「生活と文化を結ぶマツザカヤ」という宣伝標語は、昭和23年（1948年）、松坂屋のイメージを象徴する宣伝標語として、一等賞金1万円で公募したものであり、多数の作品のなかから一等に選ばれたものである。その後半世紀以上にわたって親しまれた「生活と文化を結ぶマツザカヤ」であった（松坂屋編2010、99頁）。図表4－2「宣伝標語　生活と文化を結ぶマツザカヤを記載した広告（1950年）」は、当時の広告として用いられたものである。

・「特別大康売っていうのは、棚ざらいが主だったんです。だから7月の棚ざらいとか、2月の棚ざらいとかという今の期末大康売だよね。それがやはり主体でしたね。実際よく売れた。私が出納だった時、昔のレジだから…今みたいに高級なレジじゃないからね、Nationalの2000号で馬鹿でっかいの。スイッチを入れて行くんだけど、そんなのみてたら間に合わないのね、それでね、スイッチを割り箸ではさんで入れっぱなしにしちゃうんだよ。そのときの口数が1台で3、300ぐらいあったのかな、モーターを冷ましながらやっていたよ。僕が思うのに、今のレジで1日1、000打つレジは少ないだろうね。だからね、本当に昔の人は良く働いたと思うよ。」

・「昔は引合係と出納というのは、完全な権限を持っていたからね。びしっとしてたね。今の人は500打ったらばてちゃうよ。」

・「私が会計にいた頃、毎日売場日誌が売場からあがってくるんですよ。そうすると全体の売上が分かるわけですが、大体1日3、000円、日曜日が10、000円でした。」

・「それともう一つ、商品のルートは？　その辺はどうだったんでしょうね。廉売っていうのはどこだってやるんだから、商品そのものが優れていたんでしょうか。」

・「・・・。うちは社長の考えからでしょうか。とにかく『生活と文化を結ぶマツザカヤ』を徹底してやれた時代でしたね。」

・「松坂屋がそういう体質だったんでしょうけど、銘仙を秩父に買いにいって倒れただけ買うっていって、物も見ずにぼんと買う・・・。松坂屋の仕入係がくると値段が上がるって言うくらいに力があった。誂え物係という・・・商品の値付けなんていうのは、一度にパーっと来た商品を店で全部より分けて、これは2円で売ろう、これは3円で売ろうとやって、結局松坂屋が商品の値段を決めた、と。まあ高級品は別ですが。業界ではとにかく力があった。」

「銘仙」とあるが、松坂屋史料室企画展Vol 46「松坂屋と銘仙」によれば、銘仙とは先染めの平織物のことである。明治時代に縞柄の流行に乗って関東一円で着られるようになり、やがて全国に普及し、染織技術の発展とともに様々な色柄の表現が可能になったことを受け、大正から昭和初期にかけて、中産階級の普段着、庶民の実用的なおしゃれ着として、秩父（埼玉県）、伊勢崎（群馬県）、桐生（群馬県）、足利（栃木県）、八王子（東京都）などを主要産地として盛んに生産されるようになった。全盛期は1920年代から30年代で、その取扱高の最も大きかったのが上野店（松坂屋いとう呉服店→松坂屋）であった。こうしたことから当時、「銘仙は松坂屋」といわれたゆえんとされる。

・「昭和5年ごろ康売をやるって言うんで内務応援があったんです。特売場に行ったら、東京近在の呉服屋が店に買いに来るんです。柄を選んで選り分けて買う、埼玉あたりからも来てましたね・・・。」

—午後の部—

・「それでは、午後の部は少し中味を変えて個人のお話し、戦前の何か一人5分くらいでいいですか？　戦前でどなたかせっかくの集まりだから個人の話しを・・。先輩の・・・からどうぞ。」

・「どうして松坂屋が静岡へ出てきたのか、東京と名古屋のあいだに、他の店が入ると困るから押さえておきたい。静岡は購買力があるから。・・・沼津出張所の開設にあたって、土地を松坂屋が買う折に、沼津の・・・を通して折衝した。約1年かかりましたね。・・・」

・「静岡へきてから間もない昭和12年に日華事変起り、15年の大火、20年の戦火と続いて、あまり良い昭和の時代とは言えませんでした。戦中は物資施制協会や衣料品統制等があり、販売するものはなかった。しかし、大火、戦火で焼けて、そのたびに市も復興したし、店も復興されてきた。２度焼けて、街は整備され形作られていったと思う。静岡新聞さんが随分店を応援してくれたんです。東海軒の横に本社があって何周年記念だったか、「算盤」を記念品として購入してくれた。・・・大変贔屓にしていただいたんですよ。」

昭和15年（１９４０年）の大火とは、静岡大火を指している。

静岡大火は、昭和15年に発生した大火災。昭和15年1月15日午後０時８分頃、市内新富町付近で出火し、おりからの強風（風速９・６メートル）と乾燥（湿度22％）により周辺に延焼し、消失家屋５、０８９戸（全焼４、９９１戸）、羅災人数２６、０００人（概数）の被害を出した火災である（注２）。

静岡民友新聞（昭和15年1月19日付）によれば、「県下空前の大火　歴史にも未だ曽て見ぬもの　記録に見る静岡大火」という見出しで、

『明治元年より去年に至るまで七十年間における火災は大小合わせれば千回余に上っているが、記録を徴しても今回の大火は未曾有である・・・』

静岡新報（1月18日付）においても、「今回の大火災は実に静岡初つて以来」という見出しで、歴史的な大火災であることを報じている。

また、当時の松坂屋静岡店に関する記録（大日本防空協会編1940、52－55頁）を追うと、

松坂屋　栄町一丁目所在

鉄骨鉄筋コンクート造七階建（地下一階）昭和7年11月竣工　建築面積392・1坪

床面積3、186坪

延焼状況　東及び北画より火焔に煽られ東に接続して居った三階建木造建物に延焼した。本屋は東、北面は四階迄、西南面は二階迄巻揚スチールシヤッターの設備があつたが、接続木造建物の延焼に依り先づ東面五階部分に火が入ったものと考へられる（目撃者数名の談及び被害状況より推察）比の火が五階を焼き払ひ更にエレヴェーターシヤフトを通って上階及び下階に延焼したものとより他に考へられない・・・

内部状況　各階の床張材は全部焼失し、温度は上階程高かつたものと思はれる。その理

図表4－3　静岡大火で全焼した静岡店

出所：松坂屋編（2010, p.90）。

由として考へられる事はエレヴェーターの出入口の高さは各階同等であるが（2m位）湾曲は六階12cm、七階30cmに及んで居り且つコンクリートの脱落、天井のモルタル脱落の程度等より判定することが出来る。各階共コンクリートの脱落は可成り激しく施工の不完全さもあるが、六～七階では内部の鉄骨さへ見える程度で床版梁の鉄筋も露出している・・・

と、建物自体かなりのダメージであったことがわかる。また図表4－3「静岡大火で全焼した静岡店」からもそのことがうかがえる。

一方で、静岡民友新聞（昭和15年1月20日付）によれば、「松坂屋の大活躍　県の

指定で日用品市場開設」という見出しで、

『静岡市松坂屋では不幸今次大火に罹災したが雄々しく復興の意気に燃え十八日には小林専務取締役より静岡市に対して大火救済基金として金一万円を寄付したのを始めとして罹災民に対して極力日用品の配給に努力することになり本県の指定により十八日より左記五カ所の日用品市場を開設することになつたが物資は一台二百円の運搬費用をも意とせずトラック隊を組織東京、名古屋より連続運搬に当っている・・・』

静岡新報（昭和15年1月18日付）でも、「物資は豊富　松坂屋、田中屋の努力」との見出しで、

『拠るべき我家から焼き出された駅前松坂屋百貨店では県と協力店員を督励して名古屋本店を始めから日用品物資を搬入し焦土の各所へ筆太に「物資は豊富になります」と貼り出す一方静岡倶楽部を本拠に数台の自動車を被害地各所に廻送係・・・向ふ鉢巻で罹災者の手に直接品物を渡して居り・・・』

と、大災害のなかで自らも罹災しつつも、小売業者としての責務を全うすべく、力強く復興

活動をおこなっていたことがうかがえよう。なお田中屋とは、現静岡伊勢丹である。

●「静岡新聞の・・・は、当時千葉にいらして医者をやっておられ上野店の上顧客であったんです。私は戦争中は外商で、伊豆方面、三島、熱海など集金によく行った。よくお客さんに昼食などご馳走になった。沼津の・・・など、良いお客様で特に呉服の〝名作展〟など好評であった。私は外商から通して「呉服」ばかりやってきた。戦後は上野店から商品を借りることになった。」

●「17年頃、大人は戦争と徴用に出た。店で残ったのは、私と・・・位だった。後は女の人が残ったくらいですよね。」

●「百貨店の就業禁止令が昭和18年9月に発令されたんです。・・・。その禁止令と今の徴用とがどういうふうに絡んでいるのか知らないけどね。でもその前の17年2月から衣料切符となって、商売としての実態はなくなった。百貨店業務は事実上なかったんですよね。」

昭和18年9月に発令された就業禁止令とは、「男子就業禁止令」のこととおもわれ、その公布によって、百貨店を含む17業種は、14歳以上40歳未満の者の就業が禁止された。また「衣料切符制」とは、衣料品の種類ごとに点数（背広50点・ツーピース27点、ワイシャツ12点など）を決め、交付された切符によって購入する方式で、その切符の点数は必需衣料の最小限度をまかなえる程度でしかなかった（一人あたり1年に都市部で100点、郡部で80点）。販売する側には、回収した点数に応じて翌月の配給量が決定されるリンク制がとられた。その後、生活必需品すべてが配給制となり、百貨店の販売商品は漸減していったとされる（松坂屋編 2010、89頁）。

• 「昭和10年3月に名古屋から転勤、外商沼津係として、三島、原周辺をまわりました。主な仕事は開拓でしたが、その他に注文をとったものを、静岡店で集め、担いで汽車で運んだんですよ。富士係にも手伝ってもらって、沼津駅からは人力車で運びました。2年後富士・吉原の担当になった。15年の大火は、富士でお客さんに言われて知った。そのときはもう電車も止まっていて帰れなくなっていました。警察がトラックを出してくれて帰って来た。県庁の土手から市役所の裏の不動銀行が燃えているのが見えました。連絡があり、皆で集まって朝までいると名古屋から救援物資がきた。キリスト教会へ臨時の支店をつくって、それから各所へつくったんです。それから引継ぎ、東京、名古屋から物資が運ばれてきました。松坂屋の建物のほうは、まだ2、3階に商品が残っていたんだけど、もう中身は駄目になっている。そのままにしておくと更に良くないので、シャッターを開けたんです。」

・「シャッターを開けると赤しい空気が入って燃え上がった。洋服、呉服の被害は大きかった。」

・「20年9月に招集されて、翌年の21年3月には帰って来ました。帰って来ても焼跡で店も2階まで使用しているだけで職場はない。店も人手は全く不要で、人事の担当からも「他にやる仕事はないのか」といわれる始末。仕方がないので、まあしばらく普通通り出てこいと言う事であったが、皆仕事がない。それでも「宝くじ」を売りに出たりしたんです。そのうちに外商をやるからと言う事で、・・・と2人だけ命令されたが、やはり売る商品がないでしょ。・・・は、県庁と進駐軍関係。私はその他一般をやったが、本当に困り果てた憶えがある。その他のことでは静岡地震がありました。あれはいつぐらいだったか・・・。」

・「店の家庭用品が落ちて割れちゃって・・・。」

静岡県公式ホームページ（注3）によれば、「1935年7月11日　静岡地震（M6・4）静岡・清水に被害多い。死者9、住家全潰363、非住家全潰451。」と記録されている。

図表4−4　静岡地震に関する新聞広告

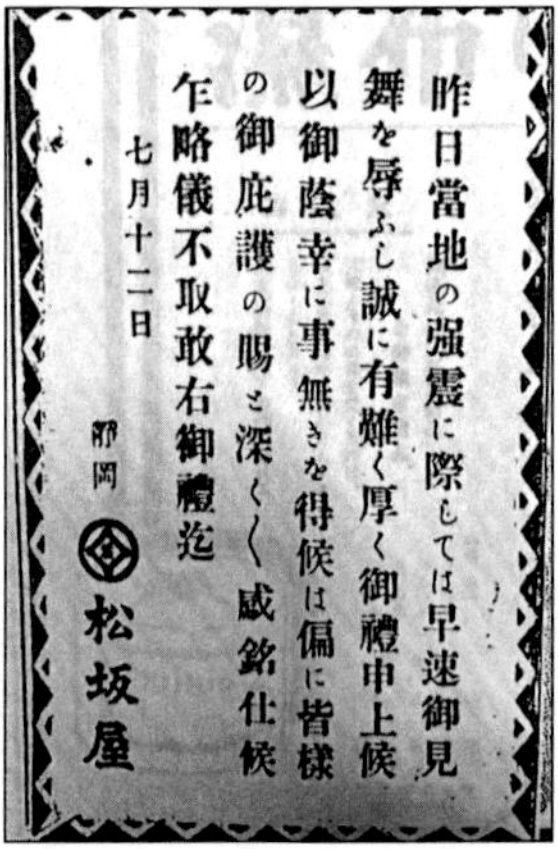
昨日當地の强震に際しては早速御見
舞を辱ふし誠に有難く厚く御禮申上候
以御蔭幸に事無きを得候は偏に皆様
の御庇護の賜と深く〳〵感銘仕候
乍略儀不取敢右御禮迄
七月十二日
静岡
松坂屋

出所：静岡新報　昭和10年7月13日付。

また寺田（2011、69頁）によれば、静岡地震は、昭和10年（1935年）7月11日午後5時25分頃、本州中部地方関東地方から近畿地方東半部へかけてかなりな地震が感ぜられた。静岡の南東久能山の麓をめぐる2、3の村落や清水市（現静岡市）の一部では相当潰家もあり人死もあった。しかし破壊的地震としては極めて局部的なものであって先達ての台湾地震などとは比較にならないほど小規模なものであった、とされる。さらに、静岡へ着いて見ると、全滅したはずの市街は一見したところ何事もなかったかのように見える。停車場前の百貨店の食堂の窓から駿河湾の眺望と涼風を享楽しながら食事をしている市民達の顔にも非常時らしい緊張は見られなかった。

屋上から見渡すと、なるほど所々に煉瓦の揺り落されたのが指摘された（77頁）、ということから、被害地域としては清水を中心とする形で比較的限定的なものであった、とおもわれる。図表4－4「静岡地震に関する新聞広告」からも、松坂屋静岡店自体には、あまり被害が及ばなかったことがうかがえる。

- 「外商の受注の事では、開店して間もなく神明町のお客様で、神楽みこしの注文があり、作って納め評判になった。また、開店した翌年に日赤病院が出来た時にベッドの見積もりがあった。」
- 「昭和8年3月入社。学生時代に松坂屋建築の反対運動を見た。反対運動に入っているのが、学生時代の優秀な先輩で、呉服町・七間町の有力店舗ばかりだった。・・・」

この時の様子がうかがえる記事もみられる（静岡新報、昭和7年6月1日付）。「松坂屋進出反対　呉服町商栄会も反対」という見出しで、

『静岡市に松坂屋百貨店の進出に対しては市内小売業者が猛烈な反対運動を続けているが

呉服町四丁目商栄会でも左記決議をなし同時に市長商工会議所其他に左の陳情書を提出した　▲大資本・・・松坂屋百貨店の出現は地方の一小都市たる静岡全市小売業商の生命線を・・・市民の不安を大ならしむるもの也・・・』

と、当時の反百貨店運動の激しさの一端がうかがえる。また静岡都心の呉服町・七間町などを中心としたエリアは、江戸時代からの町割を継承しつつ、静岡大火やその後の戦災復興を経て、都市基盤が再構築され、商業・業務機能を中心とした商都として発展してきた、とされる（注4）。

・「政情不安の時だったが、松坂屋は良かった。現金商売で利益があったのだろう。学生時代から興味があった。時局柄今でいう日経連関係も、企業も人員採用の気運はなかった。静岡の場合だけ開店するから、またその為に反対運動があったから、地元から100人採用した。当時は自営、営業、商店経営などが多かった。田舎から出てきて働かなければならなかった。名古屋の葵町で教育を受けたが、あまりたいしたこともなかった。昭和11年（？）秘書係勤務。何でもやった。店長が元気が良かった。売場応援ばかり、年中休みなし、大入袋をしょっちゅう出した。中身は10銭だったか・・・。売上が「亀」を越えると出したと思う。夜間営業もやった。各店の中で、静岡店だけが多かった。東京は、百貨店法が効力をあらわしてきていた。・・・松坂屋が「上海支店」を作ったのを機に昭和14年の夏、上海へいった。その後、広州。広東、フランス租界と渡り歩いた。フランス租界には白系ロシア人（帝政時代の）がいてフランス語、ロシア語しか通用しなかったが思い出がある。昭和18年武漢へ行き、徴兵はないと聞かされていたのに、1ヶ月後招集された。野砲隊、金ぴかの2等兵である。南洋諸島配属の折、連隊長の船が敵に狙われて沈んだ。上海からトラック島、ラバウル、ニューギニアと転戦した。凄まじい艦砲射撃をあびたこともある。21年捕虜収容所に入り、同年リバティ船で帰国した。」

「売上が亀」とあるが、この「亀」という表現は前出の「喜座場」と同様、いわゆる符牒といわれるものである。J．フロントリテイリング史料館によれば、松坂屋でこの「亀」とは、金額単位の「万」を意味する。またこれら以外にも、お客様 ↓「お成り（オナリ）」、トイレ ↓「中村（ナカムラ）」（名古屋以西）「新閣（シンカク）」（静岡以北）など、今日でも多くの符牒が使われている。

• 「昭和11年～14年静岡店勤務、昭和15年～21年外地にいた。静岡店は18番売場、あらもの、かなもの売場を振り出しに引き合い、出納、会計と歴任した。やってみて今の商売と昔の商売が違うなー、と思ったことは、当時34連隊があって、入隊祝いとして尺位のお盆を記念品として配ることがあった。何百枚という数が売れて、間に合わせるのに大変だった。12月の「大歳の市」なんかは盛大に大催事場を使って催し、神棚からしめ縄、割箸に至るまで揃えて売った。昔のほうが季節の現れ、表現は、よりはっきりしていた。」

- 「昭和11年に店へはいって、私は3月の卒業式後すぐ名古屋へ連れていかれ、8月いっぱい。9月の初め迄教育を受けた。実習と数育で徹底していた。新聞紙を使って浴衣の裁ち合せの実技もやらされたことがある。それに比較すると、今の教育は徹底していないような気がする。また、自転車（踏み止め式の）で、商品のデリバリーをやっていて、電車道でひっくり返って、荷が重いので一人では起こすことができない。電車がつながってしまって困った思い出がある。教育中のことだが、仏間があって、それを拝んでこないと食事ができない。うっかり寄ってこないと先輩達に一喝され、やり直しさせられた。出納係の時、レジスター21台位に、レジスター要員30名位ついた。レシート。値札。封印の手続き処理が徹底していた。厳格で権威をもっていた。引合係は怖かった。」

- 「女性の地位なんか戦前はどうだったんでしょう。」

・「労働協約88条があって、同職場では結婚はできなかった。道でも肩を並べて歩くのは気がひけた。」

・「その頃の一般世情より、女性の職場としては認められていたのか。」

菊池（2021、138－139頁）によれば、当時の就職難の時代に松坂屋の新戦術として、社員の男女構成比を6－4から4－6へと、女性社員へのシフトを進めている。当時としては珍しいことから、東京日日新聞（昭和5年4月10付）でも報じられた。

・「良家の子女が来ていたのは事実。」

・「社宅においても、上は下を思いやってくれる。学歴等は関係なく、皆仲良くやっていた。特に女性は偉くなろうという気はなく、皆仲が良かった。当時の大卒はほとんど重役になったのではないか。」

・「昭和15年から21年まで、外地勤務であったが、若かったので出張所開設要員として重宝がられ、行ったと思うとすぐ他所へ行くよう命令された。武漢、南京、香港、広東など回された。したがって兵籍名簿が追いつかず徴用もなく兵役の経験なしで終わった。軍事訓練も受けた事がない。」

- 「3年間初年兵であった。当時「軍旗祭」というのがあって、3月10日かな・・・。お客が店へ一杯はいった。11月20日の開店の時も、一杯入り、顧客の整理にシャッターを閉めたりした。1日で6万人も入ったそうだ。」
- 「店の採用では、身内は同じ店へはいれない。上野、名古屋、大阪へ回された。」
- 「今でも同じですね。」
- 「店の女子が染め絣を着て、自転車に乗っていたのが目を引き、当時の風俗になった感がある。松坂屋が出来たため、一般の服装が変わった。」
- 「店の従業員が「絹物」を着ていた。世間一般は「木綿物」が多かった。したがって、接客、応対には、十分気を配るようよく指導があった。店ができたことにより、街が変っていったことは事実である。」

松坂屋は百貨店業界ではじめて制服を制定したとされるが、このことにまつわる史料として、松坂屋史料室企画展 Vol.45「松坂屋名古屋店の変遷（大正・昭和初期）」によれば、「業界初の制服「規程縞」を制定」というタイトルで次のような記載がみられる。

『いとう呉服店は、内務面の整備の一つとして大正2（1913）年3月に「店則」の制定を行いました。これは現在の「就業規則」にあたり、明治34（1901）年制定の「明治の掟書」に代わるものでした。その後、7月には次のような「服制規程」を設けました。

・店員は店員らしく質素な服装でなければならない。
・常に清楚で見苦しくない風采を整えなければならない。

そして大正7年5月には、従来の和服では顧客との区別がつきにくいという理由から制服を定めました。指定の縞模様（現在のストライプ各種）の生地を従業員に供給して制服とし、「規程縞」と呼びました。』

●「女性が男性と同じように仕事をやった。」

・「男尊女卑の時代に、意義のあることだった。」

・「昭和17・8年ごろまで、百貨店の売場は畳敷きが多く、下足番がいた。当時その事で、漫画に松坂屋の風刺がのったことがある。」

・「名古屋から来て、日本髪で着物を着て自転車に乗っているのにびっくりした。」

・「開店から、大火、戦火までは、節目事件としての歴史がはっきり出てくるが。終戦後から現在位迄が、言わば平穏無事で何のとっかかりもなく、この作業もなかなか進まないような気がする。」

以上が、静岡店開店60年史編纂委員会での、第1回60年史OBとの打合せ会（報告）で、戦前編というテーマで話し合われた内容である。OBと店側スタッフによる座談会形式での発言記録で、会話形式から話が飛び気味なのにくわえて、その一部を抜粋したものであることから、文脈として捉えづらい部分があることは否めない。

しかしながら、次の部分において有益な証左となりえたのではないか、と考えている。

まず第2章では、きびしいデフレ現象のもとでの不況下といえる経済環境のもと、昭和初期の百貨店は、積極果敢に環境変化への適応を試みていたと述べたが、松坂屋静岡店における この資料においても、その昭和初期の百貨店にみられる躍動感を感じることができたのではないだろうか。

また第3章では、同じく昭和初期での白木屋の山田忍三による委託仕入への認識にもふれながら、そのデメリット故に委託仕入を原則禁止し、その後、委託仕入は拡大することはなかったと述べたが、この資料からも当時は買取仕入が主流であったと推察されよう。この資料の続きである、第2回60年史OBとの打合せ会（報告）戦後編、また百貨店他社の動向でもこの点を追ってみたが、仕入形態が大きく変化したといったような記録の痕跡はみられず、前章でもふれたように1970年代ぐらいまでは買取仕入が主流という通説に沿ったものとおもわれる。

※謝　辞

本章を中心に、松坂屋に関わる史料や写真については、J．フロントリテイリング史料館の石田真弘様からご支援、ご協力をいただいたこと、深く感謝を申し上げたい。

【注】

（1）地元での反対運動や、誕生までの経緯などについては、末田智樹（2016）「昭和初頭静岡市への松坂屋支店誘致と反百貨店運動」中部大学人文学部編『人文学部研究論集（35）』が詳しい。

（2）静岡県歴史的公文書ホームページ展示館「静岡大火」（http://www.pref.shizuoka.jp/soumu/so-325/rekishi/tenjikanrekishi1.html　2022年12月25日アクセス）

（3）静岡県公式ホームページ「静岡地震」（https://www.pref.shizuoka.jp/bousai/e-quakes/documents/05-6_sizentosaigai.pdf　2022年12月26日アクセス）

（4）静岡市「葵歴史のまちづくりグランドデザイン」（https://www.city.shizuoka.lg.jp/000935490.pdf　2022年12月27日アクセス）

参考文献

菊池満雄（2021）『松坂屋　ひと・こと・もの語り』一般財団法人J．フロントリテイリング史料館。

静岡新聞75年史社史編纂部会編（2016）『静岡新聞75年史』。

大日本防空協会編（1940）「静岡大火（昭和15年1月15日）調査報告書」。

寺田寅彦（2011）『天災と国防』講談社。

松坂屋編（1964）『店史概要』。

松坂屋編（2010）『松坂屋百年史』。

第5章　百貨店経営不振の本質

1　はじめに

前章までの議論を整理するとともに、本章での明らかにすべき内容と、そのアプローチ方法について述べてみたいとおもう。

百貨店のもつ基本的問題点としての、「近年の百貨店は環境への適応性に問題がある」とする、その問題を背景とした具体的事例のいくつかは、すでに外からのみならず内からも同様の指摘がなされている。にもかかわらず、百貨店各社において多少のばらつきはあるにしても、概してあまり大きな変化は、少なくとも顧客視点からビジュアル的にはなかなかみえてこなかったという事実がある。

また近年のきびしい経済的環境と類似点が多いとされる、昭和初期の百貨店との比較においても、環境変化への適応性には大きな異なりがあるようにみえる。

こうした近年の百貨店が抱える問題の主要因として、委託仕入、売上仕入（消化仕入）といった、在庫リスクを負わない仕入形態への依存度の高まりが指摘され、こうした従前のビジネスモデルの変革を求められるも、業績の推移をみるかぎり、経営組織として対応できているとはいいがたいといえよう。ただしここ最近では、もともと在庫リスクを負わない「場所貸しのようなもの」といわれてきたが、テナント化、すなわち不動産業へのシフトがみえるようになってきた。この点については第6章で論じたいとおもう。

では経営組織としての対応が難しい理由とは、どのように説明されるのであろうか。まずは、この点を明らかにしなければならないとおもう。

そのためのアプローチの方法としては、「企業文化的視点」を用いるものである。本章の課題とする、環境適応性に問題をもつという経営組織的病理現象、すなわち、企業のもつ体質・経営組織特性の異なりによって、企業の環境への適応の度合いに顕著な差異が生じるという現象を、理論的に説明できる条件がそなわっていなければならないということであり、こうした現象をうまく理論的に説明できるキーワードとしてたどりついたのが「企業文化」という分析概念である。よって本章ではこれまでの企業文化研究を中心としたアプローチという、これまでの百貨店研究では皆無に等しいアプローチ方法により、分析、検討を試みるものである。

2　企業文化的視点からみた百貨店経営組織

近年の百貨店経営不振の問題において、ここまでの議論、検討からも、その背景として環境適応性に問題があるとすることについて、異論をはさむ余地はないといっていいであろう。本章ではこうした問題を考えるうえで、百貨店経営組織自体に問題の本質があるのではないかという仮説に立ち、企業文化という分析概念を用いてその検討を試みるものである。ここでは、これまでの代表的な企業文化研究の蓄積をもとに、本章における「企業文化的視点からみた百貨店経営組織」というものを整理しておきたいとおもう。

2－1　企業文化の概念・定義

企業文化という言葉の使い方には、たとえば企業風土とか社風、慣習、社是、理念などを含んだものとしても使われていて、あいまいな部分がある（福原1995、4頁）。また、企業文化、組織文化、組織風土、体質といった概念は、その抽象度の高さ故、実務家においても、また研究者の間においても、概して これまでに厳密に区別されて用いられてきたとはいいがたいであろう。

これらの事象を対象としている文献等をサーベイしても、およそ同義語として扱われてきたケースが多いといえ、本書においても同様のスタンスをとるものであることから、本文中の引用文献の記述部分においては、企業文化と区別することなく原文のまま組織文化、組織風土等の用語で表記している。ただし、本書では企業単位で文化をとらえんとする研究趣旨に沿うことから、引用文献の記述部分を除いては、あえて「企業文化」を用いるものである。

梅澤（1990、60－63頁）によれば、企業文化の内部構造として社風、経営文化、組織文化、職場風土、そしてこれらを束ねるような形で中心に「価値パターン」があるという考えをとっているが、いいかえると、企業文化をいくつかの視点からみたとき、それぞれの側面としての特性を説明しているものである。

Kono・Clegg（1999, p.2）は実態調査を実施し、日本を代表する企業に勤務する、400人以上の人々の意見にもとづいて、「企業文化の概念」の基本的要素を、「共有された価値観」、「意志決定パターン」、「目にみえる行動パターン」の3要素に要約した。これら3要素の中心に位置する「共有された価値観」については、価値観が共有されることで価値のもつ意味について合意が形成されていることを意味し、メンバーに共通であり、彼らの和やアイデンティティの源泉となるとしている。

境（1995、192頁）は「企業文化の表出形態」として、「企業理念」、「経営管理システム」、「組織風土」、「行動の様式」、「企業活動のスタイル」、から成る図式を用いて説明している。まず、経営の価値観や思考の枠組みは、経営層の言葉や行動を通して社員に伝達される。つぎに、その価値観や思考の枠組みにもとづいた組織構造や管理制度が企業に導入されることによって、社員にとって可視的なものとなり、この構造や制度が提供する行動基準にもとづいて、その企業特有の行動スタイルが生みだされる。さらに、このような価値観や行動スタイルが、企業の商品特性・コミュニケーションスタイル・企業外観などに統一的に反映・表出されることで、外部からも可視的なものとなり企業イメージや企業評価へと変換されることになる。

多くの研究者が引用するSchein（1989, p.12）の研究では、企業文化を定義する記述として、「文化という言葉を次のような意味で使う」、「ある特定のグループが外部への適応や内部統合の問題に対処する際に学習した、グループ自身によって、創られ、発見され、または、発展させられた基本的仮定のパターン―それはよく機能して有効と認められ、したがって、新しいメンバーに、そうした問題に関しての知覚、思考、感覚の正しい方法として教え込まれる」としている。

企業文化の概念・定義については、およそ「価値観」を中心に説明されるものが、ほとんどといえるとおもわれるが、Schein（1989, p.18）のそれでは、上述のように文化の本質を「基本的仮定」においており、文化のレベルとして、人工物と創造物（レベル1）、価値（レベル2）、基本的仮定（レベル3）の3つに区別されている。価値（レベル2）と基本的仮定（レベル3）との関係についての記述を拾うと、「グループがその成功についての認識を共有すれば、その価値が徐々に認知的変容の過程を開始し、1つの信念になり、究極的に1つの仮定となるのである」、「価値が当然視されるようになると、それらはしだいに信念になり、仮定になって、ちょうど習慣が無意識となり自動的となるように意識から抜け落ちてしまうのである」、「私が、基本的仮定と呼んでいるものはArgyrisが「実行上の理論」といっているもの、すなわち、実際に行動を導き、グループのメンバーに対してどのように知覚し、考え、感じるかを示すような暗黙の仮定と一致する」（Schein 1989, pp.21-24）。

Scheinによれば、「人工物」と「価値」と「基本的仮定」の3レベルについては、明確な区別がなされているが、それぞれは独立的に存在するわけでなく、循環的な相互作用の関係にある（間嶋 1999、192頁）。また、「価値」のレベルでは企業文化の本質にいたっていない理由として、「仮定と一致する価値」と、「事実上、未来に対する正当化ないし希望である価値」の2つの価値を区別する必要からとの説明がなされているが、これまでの多くの企業文化研究での、「企業文化の概念・定義」がそうであるように、「行動の規範となる価値観」

こそを問題としてとらえているという意味において、「価値」と「基本的仮定」とを厳密に区別することは少なくも本書においては、必要とは考えられない。くわえて、「基本的仮定」の性質として「無意識」というワードを用いた説明がなされるが、Freudまでさかのぼる心理学上での「無意識」、「意識」の境界の認知は、きわめて抽象度が高く、客観的に表現することはむずかしい（山口１９９４、14－26頁）。

こうした視点から、また、本書での論旨に照らしてみるならば、あくまで百貨店の経営組織における特徴的現象を規定するものとしての「企業文化」という意味から、本書における「企業文化」という概念を、「企業構成員にとって、行動規範となる価値体系（基本的仮定をふくむ）」と定義するものである。

よって、本章では百貨店経営組織において、行動規範となる価値体系とはいかなるタイプのもので、その価値体系を構成する諸要素が百貨店にみられる企業行動というものを、どのように特徴づけ、説明しているかという点に関心をはらいながら議論をすすめたいとおもう。

2－2　企業文化研究からのアプローチ

咲川（１９９８、25－37頁）の研究によれば組織文化に関する諸研究は、１９８０年代を境として、大きくは２つに分けられる。１．１９８０年代以前の組織文化研究、そして、

1980年代以降の研究として、2.「強い文化」の研究、3.経営戦略と組織文化との関連を扱った研究、4.国際経営における組織文化の実証研究、5.組織文化と経済成果に関する実証的研究の5つのタイプをあげている。とりわけ1980年代以降の研究の問題意識において、いかに競争優位を獲得して、維持するために企業文化を活用するかという点において、近年の経営戦略論に大きく企業文化の存在が関わっていることが注目される。

経営戦略論の歴史は1960年代にはじまり、比較的歴史は浅いが、そのアメリカにおける経営戦略論を革命的に軌道修正したのがPeters and Waterman（1983）による『エクセレント・カンパニー』であり、人間無視の合理主義をベースとするアメリカ経営学の歪み、いいかえれば、経営は人間の営みであり、その心理的、精神的要素こそ最優先すべきということをないがしろとすることからの、当時の経営戦略の空回り現象に対して問題提起をおこなったのが、本書の「企業文化論」である（宮田2001、226－231頁）とされる。

そして、本書におけるアプローチ方法として企業文化研究アプローチが採用されるにいたった理由もここにある。つまり、環境が変化しても経営戦略が変更されないとか、反対に経営戦略を変革しても実際の組織はなかなかおもったように動かないという現象は、企業文化の存在から説明される（牛丸2003、87－88頁）。

こうした環境適応への阻害要因としての企業文化の存在を考えるとき、百貨店という小売業態の存在意義が問われているという危機的認識にたっていても、百貨店経営組織においては、なかなか変革へと結びついていかないという現象を説明するうえで、企業文化研究アプローチがもっとも適切な説明力をそなえていると判断されるからである。

若林（1995、226－234頁）の研究によれば企業文化研究のアプローチとして大きくは、「①事例研究」、「②分類的（類型的）研究」、「③構造機能アプローチ」、「④動態的アプローチ」、の4つに分けられる。以下、この4つのアプローチ方法に沿って、他の資料もくわえながら検討していきたいとおもう。

「①事例研究」ではいわゆるエクセレント・カンパニーが取り上げられて、そこに、どのような企業文化が存在しているかが、個別企業ごとの事例として紹介されている。一方わが国の場合は、しばしば個性的な経営者や創業者の経営理念・経営哲学が取り上げられ、このような「独自の企業風土」が企業文化の実態として、事例的に紹介されることが多い。事例研究は、「企業文化の本質」を理解する、すなわち何が企業の「文化的」実態を構成するのか、を知るうえで、有力なアプローチといえよう。1つ事例をあげてみたい。

企業文化の異なりに関する事例として、「キリンとサントリーが統合」、2009年7月13日付の日本経済新聞がスクープした記事であるが、当初から両社の企業文化の異なりが大きく、統合を危ぶむ声は少なくなかったが、結果として破談となった事例である。

例えば、朝日新聞（注1）による記事「キリンとサントリー統合交渉、企業風土の高い壁」のなかで、

『・・・キリンは交渉が表面化した翌日の14日になって、ようやく「交渉の初期段階にはある」と公式に認めた。ある幹部は「企業文化が違いすぎる。統合がまとまるまでには高い壁がある」と難航を予想し、慎重姿勢を貫いたままだ。横浜で創業し、ビールを軸に発展してきたキリン。生え抜きの社員が社長に就き、両社をよく知る業界関係者によると「費用対効果をきっちり詰めて、ビジネスを提案するタイプ」。東証1部に上場し、近年は相次ぐ企業買収で有利子負債を増やしてきた。一方、大阪発祥で洋酒を手がけて成長してきたサントリーは創業家のオーナーが経営権を握り、「型にはまらず、自由なスタイルで展開するタイプ」。非上場で、近年、無借金経営を目指していた。赤字が続いたビール事業も、40年以上かけて黒字化させた。』

などと、当事者や業界関係者からのコメントからも、企業文化の異なりが指摘されている。

具体的には、キリンビールは三菱グループの主力企業の1つであり、組織の三菱といわれるように組織的行動（チームワーク）を特徴とする企業文化と評される。一方のサントリー

は、対照的に創業者・鳥井信治郎氏の「やってみなはれ」に代表される積極的で自由な企業文化と評される。こうした事例からも、企業文化の存在は各企業にとって大きな影響力をもつ存在であるといえよう。

「②分類的（類型的）研究」については、「価値」、「管理型」、「活性化度」、「イメージ」という次元で企業文化をとらえることによって、各企業の文化的特徴を位置づけようとするものといえる。組織がいかなる企業文化の類型に属するのかを知ることは、その変革の方向性を定めるうえで重要であることから、これまで企業文化を類型化する試みは、多くの研究者によってなされてきた。

ところで、企業文化は、基本的には、マネジメント・スタイルとオーガニゼーション・パーソナリティーの2つの要素から構成されるという理解が適切と考えられることから、事実、企業文化の性格把握や類型区分に関しては、この2つの要素から性格規定をしているケースが多い（梅澤2003、119－122頁）。それらのなかから環境適応を主要な次元としてとらえていると考えられる、いくつかの類型研究についてみてみたいとおもう。

伊丹・加護野（1993、342－344頁）は、これまでの企業文化の類型に関する研究を総合する形で、日本企業の企業文化の違いを、2つの軸で位置づけた。1つの軸は、変化に対する価値観の軸で、変化に対し、積極的に挑戦していこうとする価値観をもつ企業文化であるか否かである。もう1つの軸は、協働についての世界観や行動規範の違いを示す軸で、一方の極にあるのは、人々や部門に権限を委ね、そのかわりにその責任を明確にすることによって、うまく仕事をおこなっていこうとする考え方をもつ企業文化であるのに対し、その対極にあるのは、皆の智恵を集め、お互いの相互作用によって、仕事をしていこうという考え方をもつ企業文化である。座標軸上右上、Ⅰ象限に位置するチャレンジャー型文化が変化に対してきわめて肯定的で変化をチャンスとして受け止め、積極的にイノベーションを引き起こそうという考え方をもつ組織文化であるのに対し、その対極Ⅲ象限に位置するのは変化に対して消極的である文化をもち、こうした組織文化は寡占的な産業のなかで圧倒的なシェアをもつ企業に多いといえる。

梅澤（1990、105-107頁）は経営次元をタテ軸に、組織次元をヨコ軸にして、4つの企業文化タイプを区別している。Ⅰ象限からⅣ象限の順で、Ⅰ象限―課題成就型、Ⅱ象限―目標達成型、Ⅲ象限―業務処理型、Ⅳ象限―問題解決型、としている。これらのなかで、企業自らに固有な目標を達成するにとどまらず、環境の要請にこたえ変化に適応し、社員の勤めがいを高め、社会的貢献を実現していくうえで、これら多様な課題を積極的かつ柔軟な取り組みで成し遂げて、そこに企業としての充足感をもつような思考・行動様式が「課題成就型」企業文化であるとしている。その対極にあるのが、業務処理型であり、その特徴

図表5－1　企業文化の基盤となる経営の価値観の4タイプ

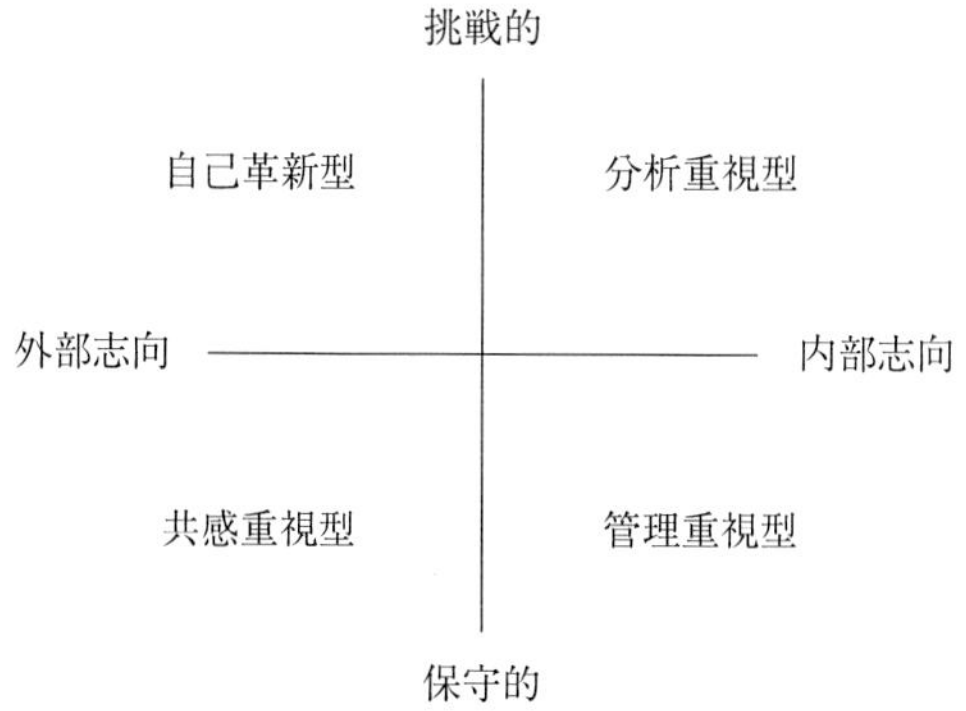

出所：境（1995, p.193）を一部修正。

としては、1．マニュアルを遵守し、手続きにしたがい、前例にならって、所定の業務を確実に処理する。2．ミスをなくし、コストを削減するなど、安全と効率を追求する。3．それぞれ個人や部門という単位で仕事が遂行され、メンバー間や部門間の交流は少ないとされ、環境変化への対応の面からみるとき、その理由としての1．と、2．は、組織運営上、ある程度必要な側面であるとしても、3．については、その組織的柔軟性といった環境対応力の側面からは、課題があるタイプとしてとらえられる。

境（1995、193頁）は図表5－1「企業文化の基盤となる経営の価値観の4タイプ」を、タテ軸を環境への姿勢、ヨコ軸を行動規準の方向とすることで示した。その4タイプとは、

・自己革新型　革新による成長や競合への挑戦がもっとも重視され、市場への蜜着と対応力の強化が指向される。

・分析重視型　競合への挑戦とより大きな成長が重視されるが、競争力の基盤はコスト競争力におかれ、生産効率や管理効率が指向される。

・共感重視型　リスクの回避と地位の安定が重視され、ユーザーへの満足感の提供によるロイヤリティ強化・市場の安定化が指向される。

・管理重視型　リスクの回避と地位の安定が重視され、競合間での協調関係と企業内秩序の維持が指向される。

これらのタイプは同時に企業文化の発達傾向を示していて、上から順に、創業期、初期成長期、中期成長期、そして成熟期に位置づけられる管理重視型となっており、企業文化の類型という視点から、管理重視型とは、保守的で内部指向型とされる（２００－２０１頁）。

以上のこうした、環境適応を主要な次元としてとらえる企業文化の類型研究から、百貨店経営組織にみられる企業文化のタイプを考えるとき、「依存体質」、「保守的」、「同質化」といった百貨店不振の構造を説明するキーワード（坪井２００９、81頁）からも明らかなように、「変化に対して消極的である文化」、「組織的柔軟性といった環境適応力の側面から課題があるタイプ」、

「保守的で内部指向型」といった指摘があてはまるものとおもわれる。このことは、近年までの百貨店の諸現象をふりかえってみて、こうした類型研究の視点からしても、「企業文化的視点からみた百貨店経営組織」は、環境適応型の対極に位置づけられるタイプとしてとらえられよう。

「③構造機能アプローチ」にあげられているものは、いずれも企業文化のもつ「価値ある機能」を研究するアプローチといえる。つまり優れた企業文化＝エクセレント企業という考え方にもとづくものといえるが、そのなかで、とりわけKotter and Heskettの研究については、強力な企業文化が優れた企業業績を生むとは限らないという調査結果が注目される。Kotter and Heskett（1994, p.76）による、「環境に適応する文化と不適応の文化」に関する研究からは、ステイクホールダーを尊重する価値システムと自己利益を追求する価値観との対比がみられ、さらに行動様式として変革のマネジメントと官僚主義的なマネジメントとの対比がみられる。各々両者の間に、経営業績の差異が出ることは、おのずと明らかであろう。環境に適応する企業文化であるか否かは、その企業の目線において、とくに顧客に強い関心を寄せているかどうかで決まるといえよう。産業別のアナリストにインタビューした際の調査結果として、アナリストたちは、業績のすぐれた企業で文化がその業績にどのような影響を及ぼしたのかという点を説明するときに、リーダーシップ、企業家精神、妥当なリスクテイキング、率直な議論、イノベーション、柔軟性といった特徴をたびたび指摘しているのに対し、業績の低いグループの企業を記述するとき、「官僚的」とか「短期的業績のみを追っている」といった特徴を指摘し、変化を続ける企業環境で業績を低下させる要因としてみている（72頁）。そして、すぐれた業績をあげる企業とそうでない企業の差を生む要因として、企業を支援する人たち（顧客、株主、従業員）のすべてを尊重するか否かであることをあげると同時に、業績の低い企業の経営者が、顧客、株主、従業員を重視していないとしたら、いったいなにを重視しているのかという疑問に対しては、ほとんどのアナリストからは、「自分自身を最優先に考えているのです」という答えが返ってきたとしている（74－75頁）。

こうした調査結果からは、近代百貨店の創成期で、昭和初期のきびしい経済的環境下にあった百貨店を、すぐれた革新性をもって「環境変化への適応」へと導いた、当時の百貨店における経営者の姿勢が注目される。

「④動態的アプローチ」については、文化的価値が創造され、それが組織の内部へと浸透し、その結果として人々の意識や行動が変化していく組織システムの動的プロセスを問題にする。

Schein（1989, p.347）の研究によれば、「成長段階、文化の機能および変革メカニズム」として、組織における3つの主要発達時期と、それぞれの時期に対応する主要文化問題と、最も適切な変革メカニズムを提示している。百貨店のおかれている状況と照らし合わせると、説明的に重なり合う部分が多いといえ、そうした意味において百貨店の近年における問題というのが、Scheinのいう成熟段階のところに要約されると考えられる。すなわち成熟段階における文化の機能として、文化はイノベーションを妨げるものに転化し、また文化は過去の栄光を保持し自己満足的、防衛的になるとしている。

こうした企業文化の変革には、多くの困難性が指摘される。強い企業文化をもつ企業においては、ラディカルな変化に対する硬直性などのコストを支払っていて（沼上2004、123頁）、それを裏づけるようにScheinは、本文でのこの部分の説明として「特にその企業が長期にわたる成功の歴史をもっている場合は、過去の正当性の証明、また自分らの誇りと自尊心の源であることから、変革への意識が低くて、仮に、外部から変革への必要性を問われたとしても、古い文化と適合しなければ、理解されないか、もしくは抵抗されることになり、変革はむずかしい」と述べている。近年の各百貨店がこれだけ内外から変革の必要性を問われているにもかかわらず、なかなかスピード感のある変革へと向かっていかない理由の1つが、ここにあるのではないだろうか。

変革のむずかしさは、加護野（1988、190－195頁）の研究からも説明される。加護野は、「企業パラダイム（注1）の変革のむずかしさ」のなかで、「パラダイムは人々をそれにしばりつける拘束力をもっていて、その拘束力は、パラダイム自体の機能の裏返しである。」としている。ここでいうパラダイムの機能について、項目別に列記すると、意味の固定化、内面化、代替パラダイムの必要性、共約不可能性、集団圧力、政治的プロセス、となり、これらのパラダイムの性質を考慮すれば、その転換に困難がともなうことは明らかである。が、その困難さは企業にとって異なり、1．過去の成功が大きければ大きいほど、2．成功期間が長ければ長いほど、3．企業が同質であればあるほど、4．企業の政治的権力が分散していればいるほど、企業パラダイムの変革はむずかしいであろうと指摘している。

上述の企業パラダイム変革の困難性を規定する要因のうち、4．については百貨店各社によって異なると考えられるものの、それ以外の、1、2、3、については近年の百貨店のほぼすべてにあてはまる要件といえるのではないだろうか。すなわち、高度経済成長期に著しく業績をのばし、その後、環境変化の影響を受けつつも、少なくとも顧客視点からは、その過程において大きな変革をみることもなく、近年までほぼ同様の経営的施策を基本的に維持してきたといえよう。また1980年代以降、主流となった委託仕入、売上仕入（消化仕入）などの売れ残りリスクを負わない仕入形態が近年まで続いているというその過程において、取引先依存による百貨店各社の売場構成の同質化が端的にあらわしているように、百貨店の同質化というものは、百貨店における特徴的現象の1つとしてみてとれる。

こうした現象は、かつての米国の鉄鋼、自動車などの産業が不振をかこっていた時期の状況をほうふつさせる。Ticky and Devanna（1988, p.59）によって指摘されたいわゆる「ゆでカエル現象」（boiled frog phenomenon）で、近年の百貨店経営組織が危機を本当の危機としてとらえられず、廃業にまでおいこまれていく現象については、こうした「変革のむずかしさ」に関する諸研究にみられる議論から、論理的にうまく説明されるといえるであろう。

3　企業文化の変革

ここまでの検討、議論から百貨店経営組織における企業文化は、環境適応性に問題があると同時に、長期にわたる成功の歴史などにより変革のむずかしい企業文化としてとらえられよう。変革がむずかしいとしても、そうした企業文化が百貨店経営組織としての環境適応性に問題を及ぼしている以上、環境適応的な企業文化へと変革する必要性はあきらかであろう。では、どのようにして変革をするのか。いくつか主なモデルを検討してみたいとおもう。

3－1　変革のモデル

Schein の研究によれば、変革のモデルとして、図表5－2「学習／変容のモデル」が示されている。

図表5－2　学習／変容のモデル

第1段階 解凍――変化の動機づけを行う ・否定的確認 ・生き残りの不安あるいは罪悪感を作り出す ・学習することへの不安を克服するために心理的安全性を作り出す 第2段階 古い概念に取って代わる新しい概念および新たな意味を学習する ・役割モデルの模倣およびモデルとの同一化 ・解決法の探索および試行錯誤による学習 第3段階 再凍結――新しい概念や意味，基準の内面化 ・自己の概念およびアイデンティティへの取り込み ・継続している関係への取り込み

出所：Schein（2018, p.104）.

このモデルについて少し説明をくわえたい。「学習することへの不安」とは、新しい行動様式をすぐには受け入れがたい、不快感を意味する。「役割モデル」とは、新しい考え方や新しいやり方について実践している他の人物の新しい行動、態度を指す。

Kotterの研究によれば、企業変革のモデルとして、図表5－3「企業変革の8段階」が示されている。

これら2つのモデルについていえば、具体性や表現方法などの違いはあるものの、俯

図表５－３　企業変革の８段階

1．緊急課題であるという認識の徹底
・市場分析を実施し，競合状態を把握する。
・現在の危機的状況，今後表面化しうる問題，大きなチャンスを認識し，議論する。

2．強力な推進チームの結成
・変革プログラムを率いる力のあるグループを結成する。
・一つのチームとして活動するように促す。

3．ビジョンの策定
・変革プログラムの方向性を示すビジョンや戦略を策定する。
・策定したビジョン実現のための戦略を立てる。

4．ビジョンの伝達
・あらゆる手段を利用し，新しいビジョンや戦略を伝達する。
・推進チームが手本となり新しい行動様式を伝授する。

5．社員のビジョン実現へのサポート
・変革に立ちはだかる障害物を排除する。
・ビジョンの根本を揺るがすような制度や組織を変更する。
・リスクを恐れず，伝統に囚われない考え方や行動を奨励する。

6．短期的成果を上げるための計画策定・実行
・目に見える業績改善計画を策定する。
・改善を実現する。
・改善に貢献した社員を表彰し，褒賞を支給する。

7．改善成果の定着とさらなる変革の実現
・勝ち得た信頼を利用し，ビジョンに沿わない制度，組織，政策を改める。
・ビジョンを実現できる社員を採用し，昇進させ，育成する。
・新しいプロジェクト，テーマやメンバーにより改革プロセスを再活性化する。

8．新しいアプローチを根付かせる（変革を企業風土として制度的に根付かせる）
・新しい行動様式と企業全体の成功の因果関係を明確にする。
・新しいリーダーシップの育成と引き継ぎの方法を確立する。

出所：Kotter（2019, p.4）を一部加筆修正。

図表５－４　丸井グループの営業利益，当期純利益の推移

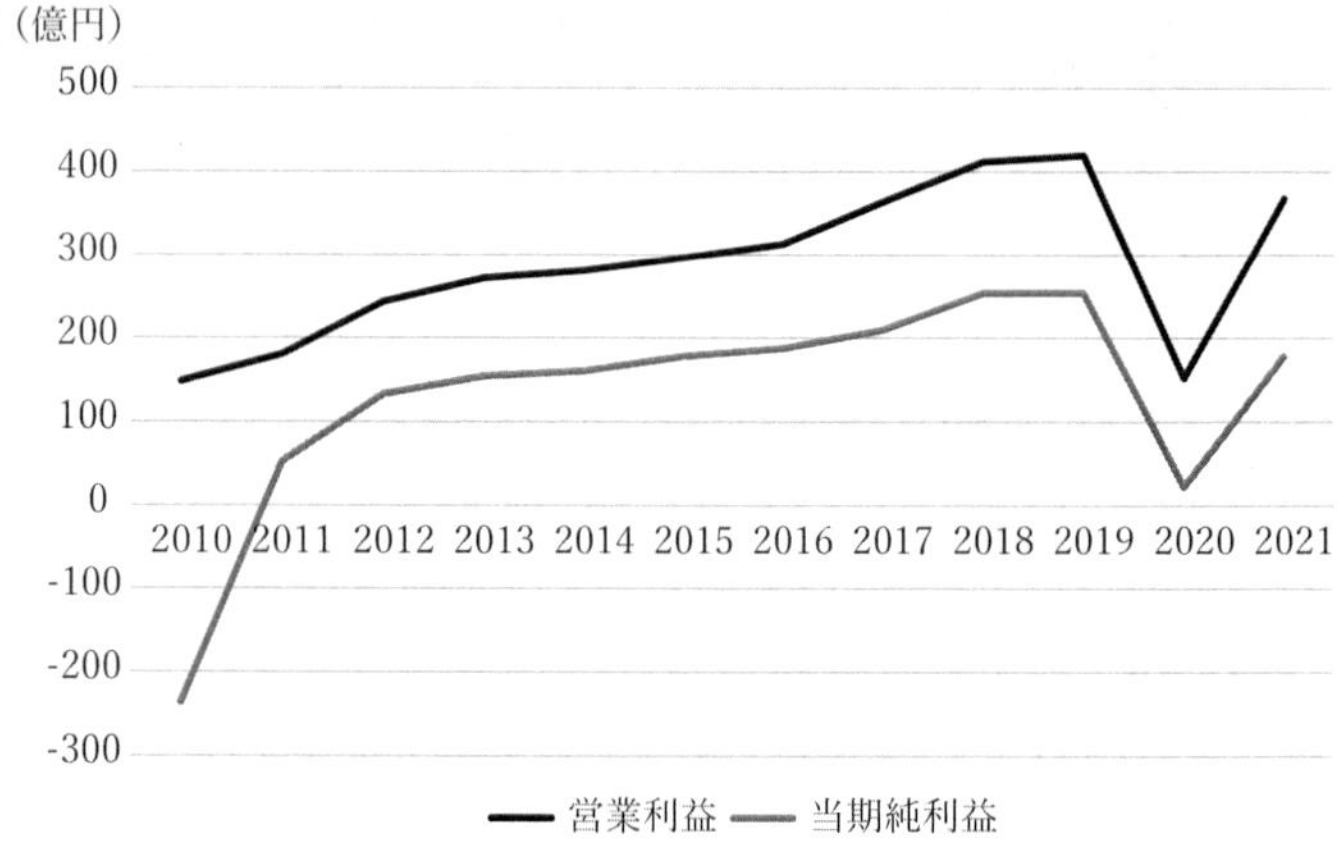

出所：有価証券報告書，決算短信により筆者作成。

瞰的な変革へのシナリオという意味において、大きな違いはみられないといえよう。

ではこれらを参照しながら企業文化変革の事例について検討してみたい。

3－2　企業文化変革の事例

丸井グループ代表取締役社長代表執行役員CEO青井浩氏による企業変革の事例をあげたいとおもう。これはDIAMONDハーバード・ビジネス・レビュー2019年7月号（36－47頁）において、インタビュー形式で丸井グループの企業変革の経緯について述べられている。

図表５－４「丸井グループの営業利益、当期純利益の推移」からもわかるように、2010年度においては貸金業法改正の影

響による当期純利益の赤字計上から、「事業構造の大転換に着手」したその後の推移を示している。2019年度には新型コロナウイルスの感染拡大の影響および特殊要因としての「カードキャッシングの利息返還」に備えるため、利息返還損失引当金繰入額232億円（前年差+187億円）を計上したことにより、営業利益が減少している。同じく2020年度にも新型コロナウイルスの感染拡大の影響を受けるも、2021年度には回復基調となっている。

このように成長しかつ変化にも対応できる背景として、どのような企業変革がなされたのであろうか、青井氏へのインタビュー内容から、興味深い部分を抜粋、要約しながら検討してみたいとおもう。

・「成功モデルをつくった人はそのモデルを壊せない」、「成功体験のアイデンティティ化が組織の変化を妨げる」、具体的には先代（青井忠雄氏）の時代は、若者に最先端のファッションを赤いカードで売るビジネスモデルで大成功した。しかしこの大成功ゆえに、その後のビジネスモデルの変革への障害となったことを指している。

・「革新し続ける組織に変わるための3つの施策」として、1つめ「グループ間職種変更異動」があげられている。これを実行した理由として、1つの売場での経験が長い人にとって、従来のやり方を変えることは、みずからの価値を否定することなので、変化は自己を脅かす恐怖の対象となる。であれば同じ環境下で変化を受け入れるのは難しいだろうとの考えから、職場を変わってもらおうという発想に至った、としている。

・2つめとして「価値観の共有」があげられている。理由として、私たちは何のために自分が仕事をしていて、この会社は何のためにあるのか、どういう価値を提供するのが自分たちの本質的な役割なのか。その価値観の共有が不十分で、価値観という柱がない状態で、違う経験をした人を入れても、排除してしまうし、変わることもできない、としている。

・3つめとして「手挙げの文化」があげられている。理由として、イノベーションは自発的な人たちからしか生まれないとおもうので、まずはそのような企業風土をつくるため、プロジェクトなど重要な場にはみずから手をあげた人たちの中からメンバーを選ぶ、としている。

・「組織文化は短期では成し遂げられない」、これは変革の過程で、人は話し合えばわかり合える、といったような簡単なことではないとおもい、2007年から採用時に丸井の価値観を前面に掲げ、この考え方に賛同する人を採用していった結果、10年経って人が入れ替わったことで、企業風土、企業文化も変わった、としている。

・「『革新する力』こそが丸井のDNA」、組織を変え、企業文化が変わったことで、さまざまなイノベーションが生まれつつあり、そのほとんどは、ステークホルダーとの「共創」で生み出されている。例として、2016年に開店した博多マルイでは、約1万5、000人の地元のお客様と600回以上の対話を通じて店づくりを進めた結果、それまでの百貨店の常識を覆すような画期的な店舗が実現した、としている。くわえて、「顧客志向」の会社になってきた。理由として、以前は売上や利益、クレジットカードの枚数のことばかりが話題になっていたが、「これは本当にお客様のためになるだろうか」といった会話が、各職場で日常的に交わされるようになり、「お客様のお役に立つために進化し続ける」という理念の共有が進んだ結果だとおもう、としている。

前項で示した変革モデルと丸井グループの企業変革プロセスを照らし合わせてみても、

・変化の動機づけ（Schein, 第1段階）、緊急課題であるという認識の徹底（Kotter, 1段階）。
・新しい概念および新たな意味の学習（Schein, 第2段階）、ビジョンの策定・伝達、社員のビジョン実現へのサポート（Kotter, 3、4、5段階）。
・新しい概念や意味、基準の内面化（Schein, 第3段階）、改善成果の定着とさらなる変革の実現、企業風土として根付かせる（Kotter, 8段階）。

と変革の時系列な内容を示せることからも、丸井グループの企業変革は理にかなっていると考えられよう。

なにより注目されるのは、「顧客志向」の会社になってきたということである。Schein（2012, p.349）も指摘するように、文化の変革そのものが変革の主要なゴールとなることはきわめて稀であり（たとえそのように宣言されていても）、その代わり、リーダーが解決が必要とされる問題を発見したり、あるいは達成すべき新しいゴールを見つけだしたときにこそ変革が引き起こされる。そしてこれらの変革に文化の変革が含まれるか否かはあとになって判明する。

一般的に業績が振るわなかったり、不祥事などを契機として、「意識改革」、「企業文化の変革」などを掲げる企業は多いものの、そもそも当事者たちにとっては無意識とおもわれる従前の「行動規範となる価値体系」を変革といわれても、抽象度の高さから当事者たちにとっては何をどう変えるのか、わかりづらい。やはり明確な概念、ビジョンとその具体策を示されない限り困惑するしかないであろう。

丸井グループの例でいえば、企業として組織文化の変革に取り組み続け、革新し続ける組織に変わるための3つの施策を実施し、また新入社員採用時にも、企業としての考え方に共感された方を採用し続けた。それらの結果として、企業文化も変わることで、顧客志向性が高まったと解される。小売業に限ったことではなく、企業は環境への適応性が求められる。とりわけ顧客と直接的にふれる小売業やサービス業などにとっての最大の環境要因は顧客であることから、顧客志向性の高まりは環境への適応性が高まったことを意味しているという点において、重要なこととして位置づけられよう。

ここまでの議論を改めて整理してみると、「近年の百貨店は環境への適応性に問題がある」としてきたが、その本質は「最大の環境要因である顧客」に対する姿勢、すなわち百貨店経営組織における企業文化としての「顧客志向性」に問題があるといえよう。

換言すれば、百貨店構成員にとって、行動規範となる価値体系（基本的仮定をふくむ）において、顧客第一になっているとはいいがたく、そうした企業文化こそが百貨店経営不振の本質といえるであろう。

【注】

（1）朝日新聞デジタル（https://www.asahi.com/business/topics/economy/TKY200907140471.html 2023年3月4日アクセス）

参考文献

青井　浩（2019）「企業変革3つの施策」『DIAMOND ハーバード・ビジネス・レビュー』2019年7月号、ダイヤモンド社。

伊丹敬之・加護野忠男（1993）『ゼミナール経営学入門』日本経済新聞社。
牛丸　元（2003）「環境と組織」大月博司・高橋正泰編『経営組織』学文社。
梅澤　正（1990）『企業文化の革新と創造』有斐閣。
梅澤　正（2003）『組織文化　経営文化　企業文化』同文舘。
加護野忠男（1988）『組織認識論』千倉書房。
境　忠宏（1995）「企業価値の創造と企業文化の革新」梅沢　正・上野征洋編『企業文化論を学ぶ人のために』世界思想社。
咲川　孝（1998）『組織文化とイノベーション』千倉書房。
坪井晋也（2009）『百貨店の経営に関する研究』学文社。
沼上　幹（2004）『組織デザイン』日本経済新聞社。
福原義春（1995）「企業経営にとっての文化の視点とは」梅沢　正・上野征洋編『企業文化論を学ぶ人のために』世界思想社。
間嶋　崇（1999）「組織文化の組織行動に及ぼす影響について」経営学史学会編『経営理論の変遷』文眞堂。
宮田矢八郎（2001）『経営学100年の思想』ダイヤモンド社。
山口俊郎（1994）「無意識の世界に生きる」梶田叡一編『自己意識心理学への招待』有斐閣。
若林　満（1995）「企業文化形成の方法論」梅沢　正・上野征洋編『企業文化論を学ぶ人のために』世界思想社。
Kono, T. and Clegg, S. R. (1998) Transformation of Corporate Culture : Experiences of Japanese

Enterprises, Berlin／New York, Walter de Gruyter.（吉村典久・北居　明・出口将人・松岡久美訳（１９９９）『経営戦略と企業文化』白桃書房）.

Kotter, J. P. and Heskett, J. L.（1992）Corporate Culture and Performance, The Free Press.（梅津裕良訳（１９９４）『企業文化が高業績を生む』ダイヤモンド社）.

Kotter, J. P.（1995）Leading Change: Why Transformation Efforts Fail, Harvard Business Review, March-April.（ＤＩＡＭＯＮＤハーバード・ビジネス・レビュー編集部訳（２０１９）『企業変革の教科書』ダイヤモンド社）.

Peters, T. J. and Waterman, R. H.（1982）In Search of Excellence: Lessons from Americans Best- Run Companies. New York, NY: Harper and Row.（大前研一訳（１９８３）『エクセレント・カンパニー』講談社）.

Schein, E. H.（1985）Organizational Culture and Leadership, Jossey-Bass.（清水紀彦・浜田幸雄訳（１９８９）『組織文化とリーダーシップ』ダイヤモンド社）.

Schein, E. H.（2010）Organizational Culture and Leadership, 4th ed, John Wiley & Sons.（梅津祐良・横山哲夫訳（２０１２）『組織文化とリーダーシップ』白桃書房）.

Schein, E. H.（2009）The Corporate Culture Survival Guide: New and Revised Edition, John Wiley & Sons.（尾川丈一監訳（２０１８）『企業文化』白桃書房）.

Ticky, N. M. and Devanna, M. A.（1986）The Transformational Leader, John Wiley & Sons, New York.（小林　薫訳（１９８８）『現状変革型リーダー』ダイヤモンド社）.

第6章　百貨店の経営的方向性について

1　近年の百貨店の経営的概況

1991年以降、百貨店はこれまでのような課題を指摘されてきたわけだが、百貨店においてもこれらの指摘をうけるなかで、ただ手をこまねいていたわけではない。

たとえば、百貨店の同質化等、課題への1つの対策としてプライベートブランド＝自主企画商品（以下PB）への取組みがあげられる。一般的にPBとは、小売業者が独自に、あるいはメーカーとタイアップして企画開発したブランド商品であり、仕入形態は基本的に買取仕入となる。

百貨店のPBへの取組みは古く、1959年に大丸が紳士のPBスーツ「トロージャン」を発売したことに始まる。その後も百貨店各社においてその取組みの度合いには差がみられる

図表6－1　百貨店売上高上位3社の売上高（年度）推移

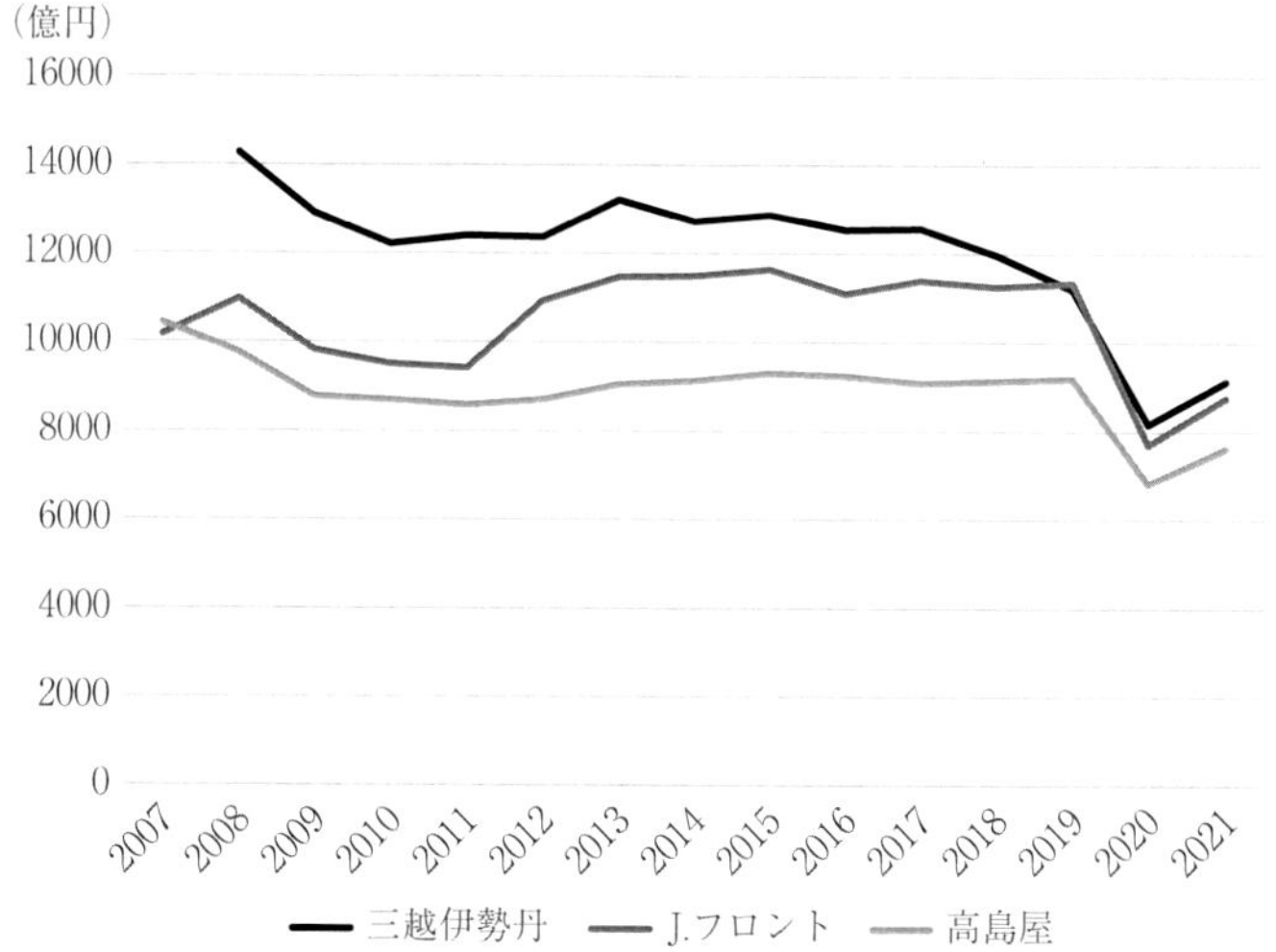

出所：有価証券報告書，決算短信により筆者作成。

ものの、さまざまなPBが百貨店各社より生み出された。しかし売れ残りリスクをとらない仕入形態が一般的となってしまった百貨店にとっては、買取仕入であるPBは、売れ残りリスクを抱えることから、経営面でのハードルが高いことを意味する。そうした背景から、結果的にほとんどの百貨店PBは開発されても、定着するまでには至らない傾向が多くみられた。そうした歴史的経緯から、いずれの百貨店においても、売上、収益の大きな柱になっているとはいいがたい結果となっている。

こうしたこともあり、なかなか

図表6－2　百貨店売上高上位3社の営業利益（年度）推移

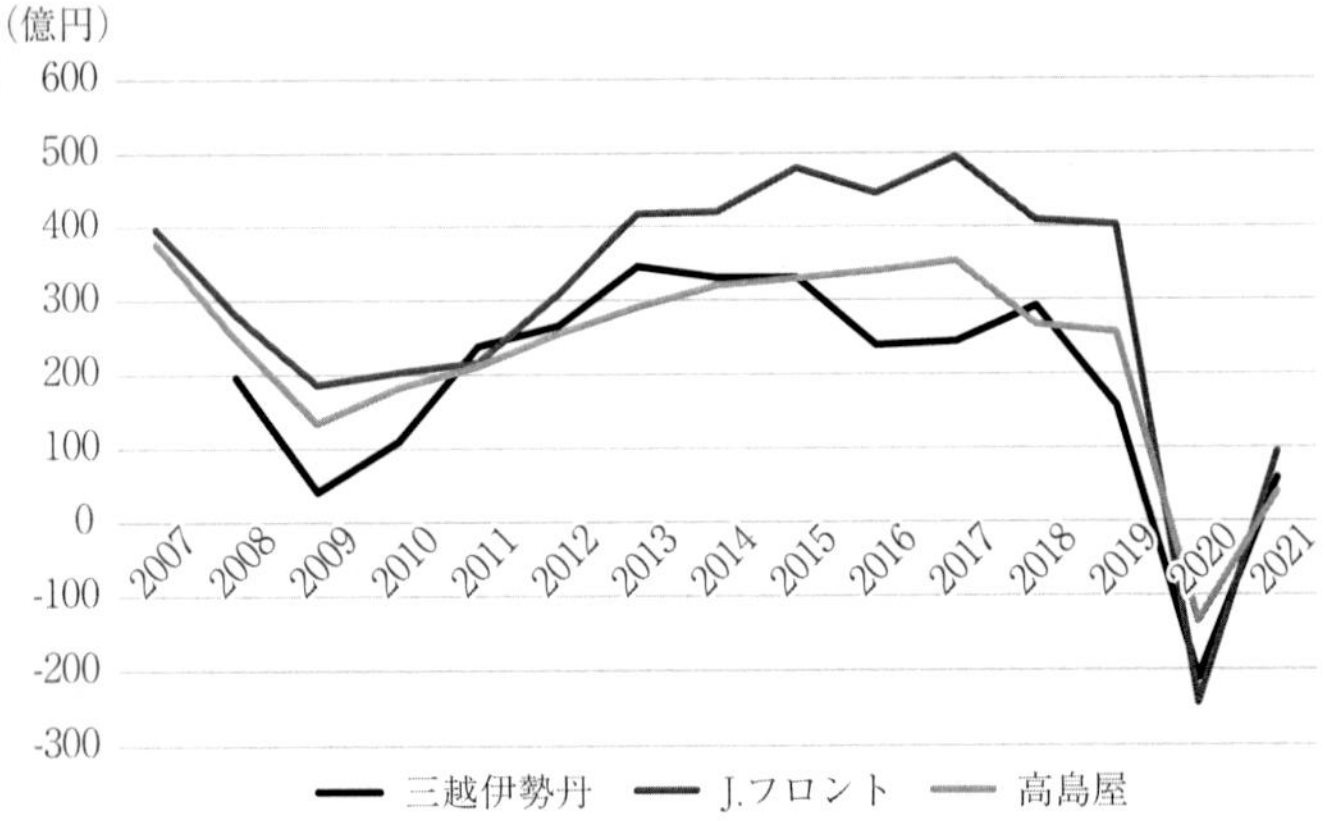

出所：有価証券報告書，決算短信により筆者作成。

浮上のきっかけがつかめない百貨店業界のなかでの大きな出来事として、経営統合の動きが指摘されよう。2003年、そごうと西武、2007年、大丸と松坂屋、同じく2007年、阪急百貨店と阪神百貨店、2008年、三越と伊勢丹などである。

よってこれ以降、もう少し詳しくみるために、大型の経営統合が続いた2007年以降で、かつ売上高上位3社を中心に個別にその経営的側面としての基本的経営戦略を考察したいとおもう。具体的には、株式会社三越伊勢丹ホールディングス（以下、三越伊勢丹）、J．フロントリテイリング株式会社（以下、J．フロント）、株式会社高島屋（以下、高島屋）をとりあげてみたい。なお業績に関する数値は、新型コロナウイルスの今後の見通しの不確実性の高さから、その影響を受ける前の2018年度のものを中心にみていきたい。そのうえで、各社の今後の基本的経営戦略を探っていくものである。

図表6－1「百貨店売上高上位3社の売上高（年度）推移」と、図表6－2「百貨店売上高上位3社の営業利益（年度）推移」からは、各社ともその推移において、一見した限りでは売上高、また営業利益においても、三越伊勢丹が他の2社と比べてやや振るわない傾向が見受けられるが、各社の基本的経営戦略について、その特徴的傾向を個別に追ってみたい。

1－1　三越伊勢丹の基本的経営戦略

三越伊勢丹は、三越と伊勢丹を中心とした持株会社であるが、その2019年3月の有価証券報告書によれば、「中長期的な会社の経営戦略」として、

・重点取組①「新時代の百貨店」実現に向けた取り組み推進、具体的には、「既存店舗のビジネスモデル改革」「新規事業の創出」
・重点取組②「不動産・海外事業の拡大」
・重点取組③「コスト構造改革の推進」

を掲げている。さらに2022年3月の有価証券報告書によれば、新たな「中長期的な経営戦略（2022年度～2024年度）」における重点戦略として、

①　高感度上質戦略

両本店を憧れと共感の象徴へと進化させるべく、伊勢丹新宿本店はファッション、三越日本橋本店は伝統・文化・暮らしに注力した商品やサービスの展開に向け、店づくりの計画に着手。また、外商セールスと外商バイヤーとの連携に加え、デジタルを活用した提案力向上により、個客のニーズに幅広くお応えする組織営業体制へと進化。三越伊勢丹グループ百貨店の店舗間連携により、全国の高感度上質消費を拡充。

②　個客とつながるCRM戦略

エムアイカード以外のクレジットカードや現金決済のアプリ会員獲得を強化し、つながる個客の数を拡大するとともに、利用額の拡大に向け、エムアイカード会員へのポイントインセンティブ施策等を、首都圏から全国の三越伊勢丹グループ百貨店に展開拡大。

③　連邦戦略

「建装事業」「住環境事業」「プロジェクト・マネジメント／コンストラクション・マネジメント／デザイン事業」を柱とする株式会社三越伊勢丹プロパティ・デザイン、「広告出稿」

図表6－3　三越伊勢丹，セグメント売上高構成比（2019年3月）

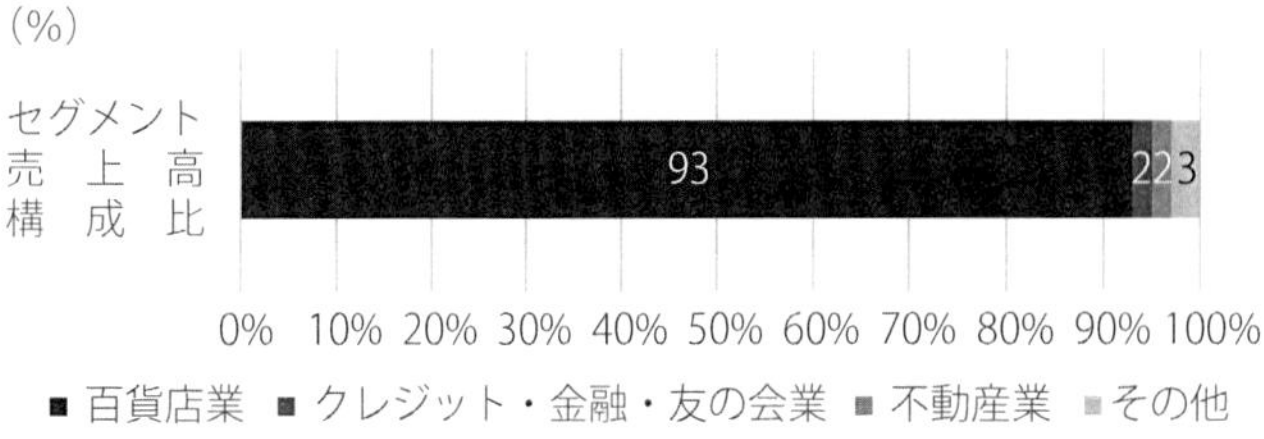

出所：有価証券報告書，決算短信により筆者作成。

「イベント出店支援」を柱とする株式会社スタジオアルタなど、三越伊勢丹グループ各社による外部企業へのサービス提供を本格化。

を掲げている。ここまでの記述からもうかがえるように、どちらかというと本業である百貨店業に軸足をおいている傾向がみえ、そのことは図表6－3「三越伊勢丹、セグメント売上高構成比（2019年3月）」にも表れているといえるであろう。

1－2　J．フロントの基本的経営戦略

J．フロントは、大丸、松坂屋、パルコを中心とした持株会社であるが、その2019年2月の有価証券報告書によれば、グループ成長戦略として、

・マルチサービスリテイラー戦略　高効率かつ成長性が高

い事業と位置づける重点3事業（クレジット金融事業、人材派遣事業、・建装事業）の強化をはかるとともに、グループビジョン実現に向け新規事業領域の拡大にスピードをあげて取り組む。

・アーバンドミナント戦略　百貨店・パルコの基幹店舗及び不動産事業部を中心に、グループリソースを最大限活用し「店舗を核に地域とともに成長するビジネスモデル」の構築を進める。

・IoT時代におけるICT戦略　お客様との生涯にわたる関係を強固なものとし、お客様のライフタイム・バリューの最大化を目指すための仕組みである「ライフタイム・サービスハブ構想」の具現化を進め、あわせてグループ各社の戦略を支えるICT基盤の構築に取り組む。

・百貨店事業、パルコ事業の革新　＜百貨店事業＞大丸心斎橋店新本館における新たな百貨店ビジネスモデルの具現化、新顧客戦略の全社展開、外商ビジネスモデルの変革を通じ、競争力・収益力の強化に取り組む。＜パルコ事業＞店舗事業、不動産事業の再構築をはかるとともに周辺事業、新規事業など新たな事業領域への進出による収益源の創出に取り組む。

・ESG戦略　新たに策定したサステナビリティ方針のもと、「持続可能な社会」及び「企業の持続的成長」の実現に資する5つのマテリアリティ（重要課題）の目標達成に向けた取り組みを推進し、あわせて、コーポレートガバナンス機能の継続的な強化を通じグループの持続的成長及び中長期的な企業価値向上を目指す。

を掲げている。さらに2022年2月の有価証券報告書によれば、中期経営計画（2021年度〜）での「3つの重点戦略（12頁）」として、

・リアル×デジタル戦略　「リアル店舗（以下リアル）」「人財」を起点としたデジタル活用により、新たな体験価値を提供するビジネスモデルへの変革に取り組む。本中期経営計画では早期の収益回復を図るため、百貨店・SC事業の基幹店舗への集中投資による店舗の魅力化、オンラインを活用したビジネスの拡大に取り組む。

・プライムライフ戦略　プライムライフ戦略の目指す「こころ豊かで、サステナブルなライフスタイルを楽しむ生活者」への提案強化に取り組む。本中期経営計画では、主に百貨店外商を基盤に、新たな商品やサービスの開発、デジタルを活用した顧客コミュニケーションの進化を図る。

・デベロッパー戦略　「再成長」に向けた成長ドライバーと位置づけるデベロッパー戦略で

図表６－４　J. フロント，セグメント売上高構成比（2019年２月）

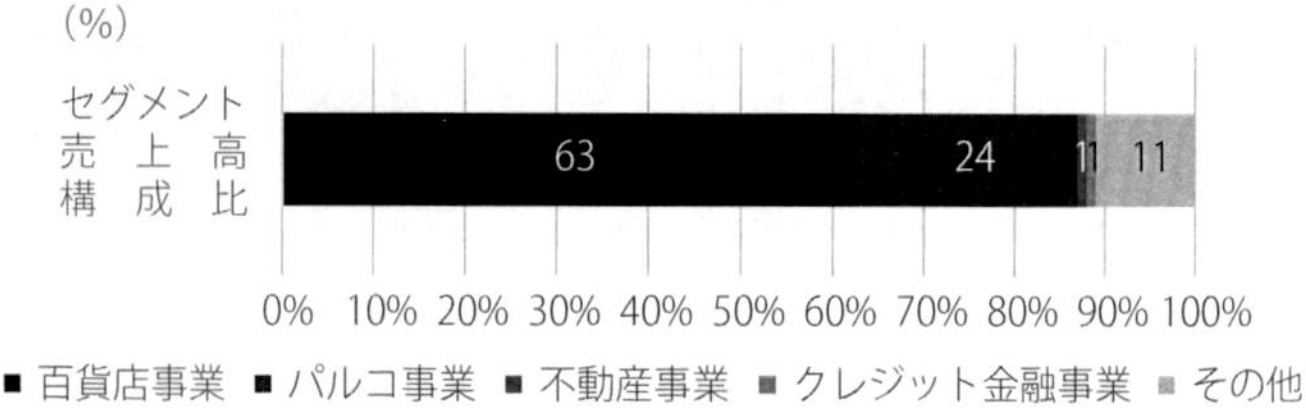

※分母となる売上高合計額は調整される前の数値を用いている。
出所：有価証券報告書，決算短信により筆者作成。

は、２０２１年度に続き、グループ重点エリアでの開発プロジェクトの推進、事業成長に向けた基盤構築に取り組む。

としていて、同社が掲げる「脱百貨店」といわれるこうした動きは、図表６－４「J．フロント，セグメント売上高構成比（２０１９年２月）」をみても明らかなように、百貨店事業から他の事業へシフトしている傾向がうかがえるであろう。

１－３　高島屋の基本的経営戦略

経営統合といった動きとは、距離をおいてきた高島屋であるが、その２０１９年２月の有価証券報告書によれば、経営戦略等として、高島屋グループ総合戦略「まちづくり戦略」を基本戦略とし、国内百貨店、国内グループ、海外事業とのシナジーを発揮することにより、安定成長を実現

図表6－5　高島屋，セグメント売上高構成比（2019年2月）

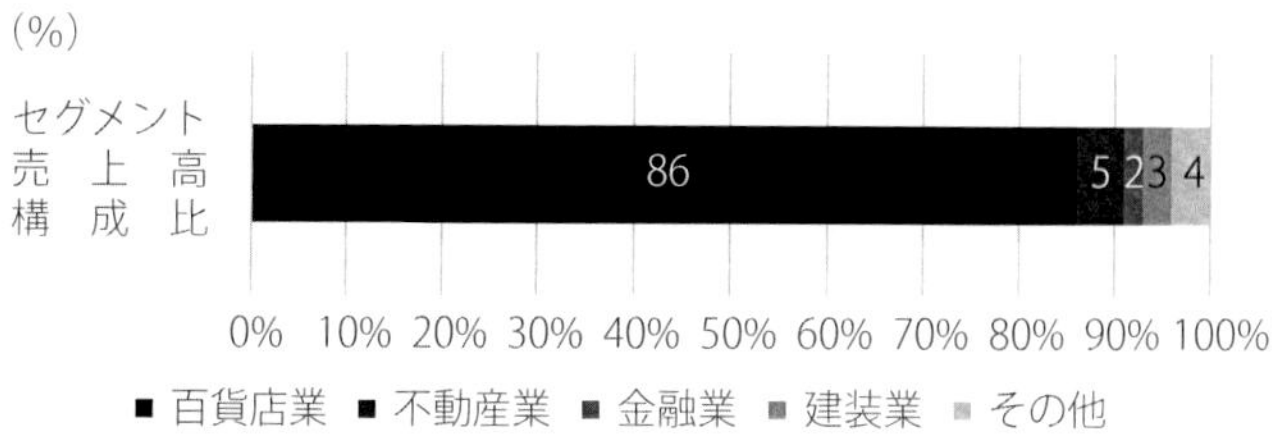

出所：有価証券報告書，決算短信により筆者作成。

したいとしている。

まちづくり戦略には、①街のアンカーとして役割を発揮する、いわば「まちの流れをつくる」という役割発揮、②お客様の多様なニーズに応えるべくグループ力を結集させ、館の魅力を最大化すること、という2つの考え方があるとしている。この「館の魅力最大化」とは、具体的には、百貨店と専門店を融合させた商業施設づくりのことで、日本橋高島屋S.C.、立川高島屋S.C.、玉川高島屋S.C.など、百貨店を核店舗としたショッピングセンターの開発、運営などである。この点は高島屋の経営的特徴を示しているとおもわれる。

さらに2022年2月の有価証券報告書においても、引き続き、グループ総合戦略「まちづくり」を基本としていて、戦略的な変化はみられないといえよう。

図表6－5「高島屋、セグメント売上高構成比（2019年2月）」から明らかなように、不動産業の売上高構成比は前出の他社よりは高いものの、百貨店業と比べるとまだ低いとい

えよう。しかし見方を変えて営業利益の構成比をみると、不動産業が35・3％を占めているのに対し、百貨店業のそれは32・6％であり、百貨店業を超える利益面の大きな柱となっている。

2　経営的方向性

百貨店売上高上位3社についての基本的経営戦略の個別考察など、また他の百貨店各社の動向をみても、概ね2つの経営的方向性が読みとれる。1つは百貨店事業から不動産事業を中心とする、他事業へのシフトである。とりわけ不動産事業の動向を示すものとして、いくつかの記事を引用してみたい。

『百貨店各社が不動産事業の利益を伸ばしている。２０１７年度は高島屋が6期連続で同事業では最高益を更新する。・・・。主力の百貨店は専門店やネット通販との競争が激しい。賃料収入を伸ばし収益を安定させる。高島屋は子会社を通じて玉川高島屋ショッピングセンター（東京・世田谷）などを運営している。・・・。三越伊勢丹ホールディングスも来年4月、国分寺市（東京都）に専門店50店を誘致した新たな商業施設を開業する。・・・。（日本経済新聞２０１７年12月12日付）』

『・・・。松坂屋は「脱・百貨店」を掲げ、新たなビジネスモデルを模索している。近年目立つのは、テナントに店舗の一部を賃貸する「定期賃貸借契約」の増加だ。百貨店従業員が対面で商品を販売する伝統的な百貨店業態ではなく、賃料収入を収益源の柱と位置づけ、いわば不動産事業者としての色彩を強めているわけだ。（日本経済新聞２０１９年12月3日付）』

『大手百貨店のJ．フロントリテイリングが住宅事業に参入する。・・・。百貨店業界では不動産に軸足を移す動きが広がる。三越伊勢丹ホールディングスは10年後をめどに営業利益の半分を不動産や金融事業で稼ぐ収益構造への転換を打ち出した。・・・。高島屋も不動産子会社の東神開発（東京・世田谷）を通じ、賃貸住宅を強化する。・・・。（日本経済新聞２０２１年12月28日付）』

これらの動きからいえることとして、「百貨店事業」と「不動産事業を中心とする他事業」を両極として、経営資源をどのような割合で振り分けるのか、という度合いにおいて百貨店各社の経営的方向性の1つが決まってくるであろう。

もう1つの経営的方向性としてみうけられるものとしては、アマゾンなどのネット通販の脅威を背景とする「電子商取引（Electronic Commerce：以下ＥＣ）に関わる取組み」の度合いがあげられよう。なおこの「ＥＣに関わる取組み」については、ＥＣ化をはじめとして、近年、盛んにおこなわれているＥＣにおけるデジタルトランスフォーメーション（Digital Transformation：以下ＤＸ）の取組み等も含むものであり、ＥＣに関連するすべての取組みを対象とすることを意味する表現として、「ＥＣに関わる取組み」とした。

ところでＤＸの取組みは百貨店だけではなく、すべての企業に課されたものであるが、ＤＸの定義の代表的なものの1つとして、ＩＴ専門調査会社のIDC Japan株式会社は、ＤＸを次のように定義している（注1）。

「企業が外部エコシステム（顧客、市場）の破壊的な変化に対応しつつ、内部エコシステム（組織、文化、従業員）の変革を牽引しながら、第3のプラットフォームを利用して、新しい製品やサービス、新しいビジネスモデルを通して、ネットとリアルの両面での顧客エクスペリエンスの変革を図ることで価値を創出し、競争上の優位性を確立することを指す。」

ＤＸは直訳すると「デジタル変革」となることからわかるように、単にデジタル化という場合では、どちらかというと業務の効率化にとどまるのに対し、DXはデジタル化により、新しいビジネスモデルを構築して競争力を高めることに主眼がおかれている、と理解されよう。
では百貨店におけるこうした分野の動きはどうなっているのか、あるいはどういう傾向にあるのだろうか。象徴的な記事を引用してみたい。

『大手百貨店が新しい売り場作りに挑んでいる。ネットで直販する新興ブランドを集め、小粒でもこだわりが詰まった商品を売り場から発信する。ショールームに徹した「売らない店」もあれば、「接客レス」の売り場もある。・・・。商品があふれるEC（電子商取引）全盛の今こそ百貨店はその原点に立ち返り、復活を期そうとしている。・・・。お目当ては小売店を介さず、直接消費者に販売するD2C（ダイレクト・ツー・コンシューマー）ブランド・・・のネイル体験会だ。・・・。売り場を運営する大丸松坂屋百貨店は企業から、出展料だけを受け取る。顧客が商品を買う際は、商品のQRコードからECサイトに入り決済する。いくら売れても百貨店に入る報酬はない。・・・。売らない店の狙いは大きく2つある。1つは新興ブランドの発掘だ。・・・。もう1つは若年層の開拓だ。D2Cブランドの商品に触れる場を設け、「Z世代」などを誘客する。20～30代の顧客比率は開店1週目の約3割から、5週目は約5割に増えた。来客の7割は新規顧客という。・・・。リアル×人による接客は百貨店が得意とする領域だ。・・・。大丸松坂屋とは異なるアプローチで、D2Cブランドなどの商品を扱うのがそごう・西武だ。目指すのはリアルとネットの垣根をなくす「OMO（オンラインとオフラインの融合）」だ。・・・。商品は店頭で買えるが、手法は独特だ。まず商品のQRコードをスマホで読み取り、価格や特徴を確認する。欲しい商品はネット上の「カート」にいれてレジに向かい、決済後に商品を受け取る流れだ。同じ商品はECで買うこともできる。そごう・西武は出展料と売上高に応じた手数料を受け取る。店頭の商品在庫は出展先に属し、そごう・西武は委託を受けて在庫を管理する。在庫を常時把握することで、ECにスムーズに対応できる体制を整えた。・・・。（日経MJ2021年11月22日付）』

OMO（オンラインとオフラインの融合）については、リアルをもっているからこそできることであり、リアルの強みを発揮できるという意味において、今後とも「ECに関わる取組み」における有力な戦略の1つになっていくことが予想される。

これらの動きからいえることとして、「リアル」と「ECに関わる取組み」を両極として、経営資源をどのような割合で振り分けるのか、という度合いにおいて百貨店各社のもう1つの経営的方向性が決まってくるであろう。

図表6－6　百貨店経営的方向性の概念図

「百貨店事業」⇔「不動産事業を中心とする他事業」
×
「リアル」⇔「EC に関わる取組み」

出所：筆者作成。

百貨店の経営的方向性について整理すると、もちろん百貨店各社のおかれている状況の異なりからさまざまなケースが想定されるが、図表6－6「百貨店経営的方向性の概念図」からわかるように、概ね「百貨店事業」と「不動産事業を中心とする他事業」との経営資源の割り振りの度合い、その割り振りの度合いにかけ合わせる形で、「リアル」と「ECに関わる取組み」との経営資源の割り振りの度合いにも相互に影響しあうことで、百貨店各社の経営戦略の内容・質が変わってくるとおもわれる。

つまりはこうした経営的方向性で、百貨店の変化は進行しつつあるといえるであろう。

前出の三越伊勢丹、J．フロント、高島屋においても各社の経営資源の内容に沿って、その強みを活かす形で経営的方向性を定めていくことが求められよう。

3　経営的方向性に関する考察

経営的方向性に関する考察をすすめるにあたって、前章の最後で述べたように、百貨店構成員にとって、行動規範となる価値体系（基本的仮定をふくむ）において、顧客第一になっているとはいいがたく、そうした企業文化こそが百貨店経営不振の本質であることからは、これまで以上に「顧客第一の企業文化」へと変革することが目標となる。

よって、最終的にはその目標を達成するためのプロセスを考察することとなるが、ここでは進行過程にある、概ね2つの経営的方向性にもとづき考察をすすめたいとおもう。

・「百貨店事業」⇕「不動産事業を中心とする他事業」
・「リアル」⇕「ECに関わる取組み」

という、概ね2つの経営的方向性を示したが、1つずつ考察してみたい。

3－1 「百貨店事業」⇕「不動産事業を中心とする他事業」

まず、「百貨店事業」と「不動産事業を中心とする他事業」を両極として、経営資源をどのような割合で振り分けるのか、という度合いであるが、とりわけテナントに店舗の一部を賃貸する「定期賃貸借契約」の割合増加が見込まれる傾向にあるといっていいであろう。つまり百貨店の不動産ビジネスの１つとしてのショッピングセンター化（以下ＳＣ化）がすすむ可能性が高いということである。百貨店がＳＣ化（注２）をすすめること自体は、実質的に場所貸しである売上仕入（消化仕入）の次のステップとして、現実的にとりうる戦略の１つとしてとらえられよう。百貨店の歴史をふり返ってみてわかるように、百貨店はその時代に合わせて変化を遂げてきた。今の時代においても、不動産事業を手がかりとして、変化しようとしているともいえよう。

しかし留意すべきことがある。この類の記事、報道において、ＳＣ化により賃料収入が増加することで経営が安定するといった趣旨のものが多く見受けられるが、果たしてそうであろうか。

順調に成長してきたかにみえるＳＣであるが、図表６－７「ＳＣ数と年間総売上高（推定値）の推移（２００１～２０２１）」からわかるように、近年は少し変わりつつあるようである。

図表６－７　SC数と年間総売上高（推定値）の推移（2001～2021）

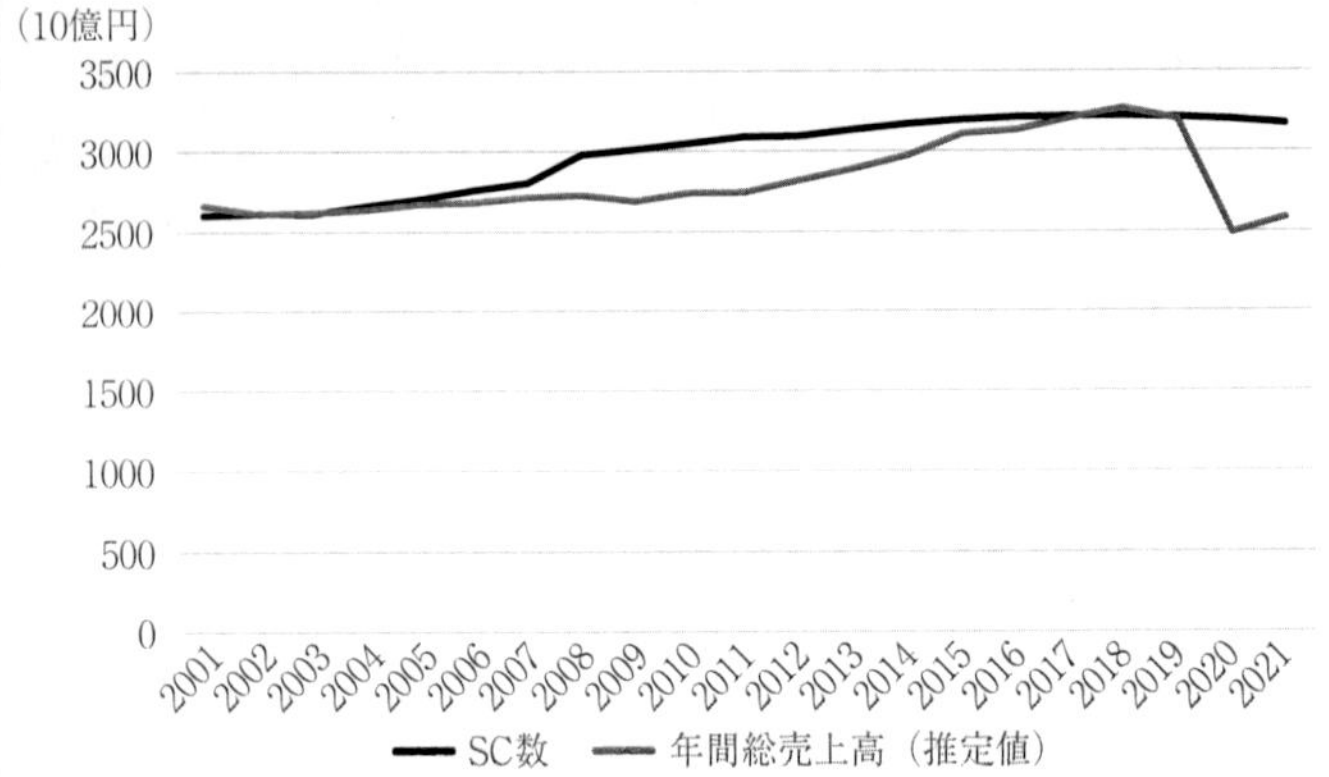

※2008年にSCの取扱い基準を，「物販のテナント数が10以上」（以下，旧SC基準）から「飲食業，サービス業を含むテナント数が10以上」（以下，新SC基準）に変更した。2007年以前は旧SC基準によるデータ。

※立地別SC数は2001年から2015年までは旧立地区分（中心地域，周辺地域，効外地城の3区分），2016年以降は現行の立地区分（中心地域，周辺地域の2区分）により集計している。なお，2021年に現行方式のまま（立地区分の考えは変えずに），中心地域と周辺地域の線引きを現状に合わせて見直した。2021年の立地別SC数はこの見直しを反映している。

［立地区分（現行）］2016年1月以降。

中心地域：人口15万人以上（2016年以降は2015年国勢調査人口による）の都市で，商業機能が集積した中心市街地。

周辺地域：上記以外の地域

［立地区分（旧）］2015年12月以前。

中心地域：当該市・町・村の商業機能が集積した中心市街地。

周辺地域：中心地域に隣接した商業・行政・ビジネス等の都市機能が適度に存在する地域。

郊外地域：都市郊外で住宅地・農地等が展開されている地域。

※総テナント数にキーテナントは含まない。

※店舗面積は，SC内の物販業，飲食業，サービス業それぞれの店舗区画の面積合計。店舗間の通路は含まない。

※SC年間総売上高（推計値）は2001年から2018年は消費税込，2019年以降は消費税抜。

出所：日本ショッピングセンター協会編（2022, p.52）より筆者作成。

時系列で新聞記事等を抜粋、要約しながら、その変化を追ってみたい。

２００９年頃より「飽和感」という表現を目にすることが多くなっている。たとえば、全国のＳＣは２００８年末で２、８７６店に達していて、特に近年は郊外で大型店の出店が相次ぎ、郊外では大型ＳＣの数がすでに飽和状態に近づいている（日本経済新聞２００９年３月2日付）。この時点ではまだ飽和状態が近づいているとしていたが、２０１１年のＳＣ動向として日本ＳＣ協会によれば、ＳＣは郊外で飽和感が強まっており、大都市の駅前などに出店が集中している、としている（日本経済新聞２０１２年5月21日付）。

２０１４年のＳＣ動向として日本ＳＣ協会によれば、建築費高騰の影響だけでなく過去20年の大量建設で飽和感もでてきたことは否めない、としている（日経ＭＪ２０１５年２月23日付）。

２０１７年に至ると、成長を続けてきたＳＣが曲がり角に差し掛かっている（日本経済新聞２０１６年12月23日付）、としていて、２０１８年には、ＳＣなど商業モールの空洞化が進んで、事業を支えるテナント数が急減し、駅前の好立地も閉鎖に追い込まれている理由の１つとして、アマゾンなどのネット通販の影響があげられている（日本経済新聞２０１８年10月5日付）。

２０１９年に至っては、地方部は既存施設の苦戦が鮮明で出店しづらく、都心部はＳＣが飽和し出店適地がなくなっている（日経MJ2019年8月5日付）として、業界としてきびしい状況にあることを報じている。

SCはこの10年ほどで、郊外店の飽和感、業績不振にはじまり、都心部でも飽和感は否めないことにくわえて、アマゾンなどのネット通販の影響からも苦境にあることが伺えよう。

こうした状況からも、百貨店のSC化については、SC化により賃料収入が増加することで経営が安定するといった図式はむずかしくなってきているといえよう。百貨店のSC化はその圧倒的なブランド力を活かす形で、他のSCとは一線を画すような差別化と同時に、企業文化の変革を図っていかなければならないとおもわれる。

近年SC間においても、売れるテナントの誘致からの同じテナント揃え、望ましい施設などの追求からのハード作りの似通いなど、同質化が指摘されるなか（大甕他2021、124－126頁）、同じような手法で百貨店のSC化をすすめていけば、百貨店間の同質化にくわえて、百貨店とSC間の同質化もすすんでいくといえよう。

一方で百貨店事業に重点をおく場合の留意点として、買取仕入、委託仕入、売上仕入（消化仕入）の各メリット、デメリットを考慮したうえで、マネジメントし、使いこなす必要性はこれまでの議論から明らかであろう。たとえばなかなか根付かないとはいえ、PBへの取組みは、買取仕入による商品の差別化という意味でやはり有効な策の1つであろう。ただ売れ残りリスクを負うというデメリットがある。しかし売れ残りリスクを負わない委託仕入、売上仕入（消化仕入）についてのデメリットもこれまで述べてきたとおりである。百貨店事業に重点をおく場合、これらの仕入形態におけるメリット、デメリットを考慮したうえ、企業文化の変革をも意図した、新たな取組みが必要であることは明白であろう。

3－2 「リアル」⇕「ECに関わる取組み」

「リアル」と「ECに関わる取組み」を両極として、経営資源をどのような割合で振り分けるのか、という度合いであるが、この点を考察するにあたっては、アマゾンとウォルマートの動向が参考になるであろう。

米国では2017年頃からアマゾン・エフェクト、すなわちアマゾンに代表されるEC業界がリアル主体の百貨店やSCなどを業績不振に追い込むといった現象が、本格化している。

そうしたなかで注目されるのが米国のウォルマートである。たとえば、米国ではウォルマートの2020年2～4月期の純利益は前年同期比4％増の39億9，000万ドル（約4，300億円）で、市場予想を上回った。けん引したのが売上高が同7割増だったネット販売だ。ウォルマートの場合、スマホ注文や在庫管理、物流効率化までアマゾンを徹底研究。2016年には新興のネット通販企業を約33億ドルで買収しノウハウを取り込んだ（日本経済新聞2020年6月4日付)。

これら米小売り最大手ウォルマートの好調は、米国内に張り巡らせた4、700の店舗の半数をネット通販の拠点にするといったDXの成果であり、店舗とデジタルの融合を推進してきたことによる(日本経済新聞2021年1月15日付)。具体的には、ECで購入して店舗で商品を受け取れるという「BOPIS(バイ・オンライン、ピックアップ・イン・ストア)」といわれるもので、ウォルマートが、EC最大手のアマゾンへの対抗策として始めたとされている。

興味深いのは、このようにウォルマートはアマゾン・エフェクトに対抗する形で、「ECに関わる取組み」を積極的に推進している。一方で、アマゾンはアマゾンでリアルに取り組んでいる。アマゾンのこうした動きはアマゾンだけにとどまるものではない。中国EC最大手アリババ集団はスーパーのサンアート・リテールを子会社化。楽天グループは西友に出資して、OMO(オンラインとオフラインの融合)を推進、などがあげられる。これらの背景としては、デジタル環境でのブラウジングと、リアル環境でのブラウジングでは、目に入ってくる情報量は圧倒的にリアルの方が多いしインパクトも強いことから、EC企業にとってはリアルがECを補完するという発想があげられる(鈴木2022、160－164頁)。

つまるところ、ウォルマートなどリアルを主体とする企業はEC強化へ向かい、アマゾンなどＥＣを主体とする企業はリアルに向かうということからは、ＥＣにはＥＣの強さ、リアルにはリアルの強さがあることを示していて、両者のバランスをとりながら進める経営的方向性の必要性、重要性を示唆するものであろう。

そうしたことを背景として、百貨店にかかわらず今後の小売業を考える際、「リアル」と「ＥＣに関わる取組み」を両極として、経営資源をどのような割合で振り分けるのか、という度合いにおいて、企業文化の変革を加味した慎重な経営的判断が求められるであろう。そしてこれらの経営判断にはもう1つの経営的方向性である、「百貨店事業」⇕「不動産事業を中心とする他事業」の経営的判断にも関わってくる。

たとえば、ネット通販市場が拡大するなか、商業施設が相次ぎＥＣを拡充していて、三井不動産は２０１７年11月から、衣料品を中心に取り扱うネット通販モールを展開。店舗の在庫状況も把握できるようにして、リアルとネット通販を融合させる「オムニチャネル」を推し進めている（日経ＭＪ２０１８年11月7日付）。

つまり百貨店が「百貨店事業」⇕「不動産事業を中心とする他事業」について考える際、どちらの事業に重点をおくとしても、基本的にＥＣ化の方向性にかわりはないであろう。しかし「百貨店事業によるＥＣ取組み」と「不動産事業によるＥＣ取組み」との差異という意味において、「ＥＣに関わる取組み」の内容・質などが異なってくる可能性は考慮しなくては

図表6－8　EC運営上の課題（複数回答）

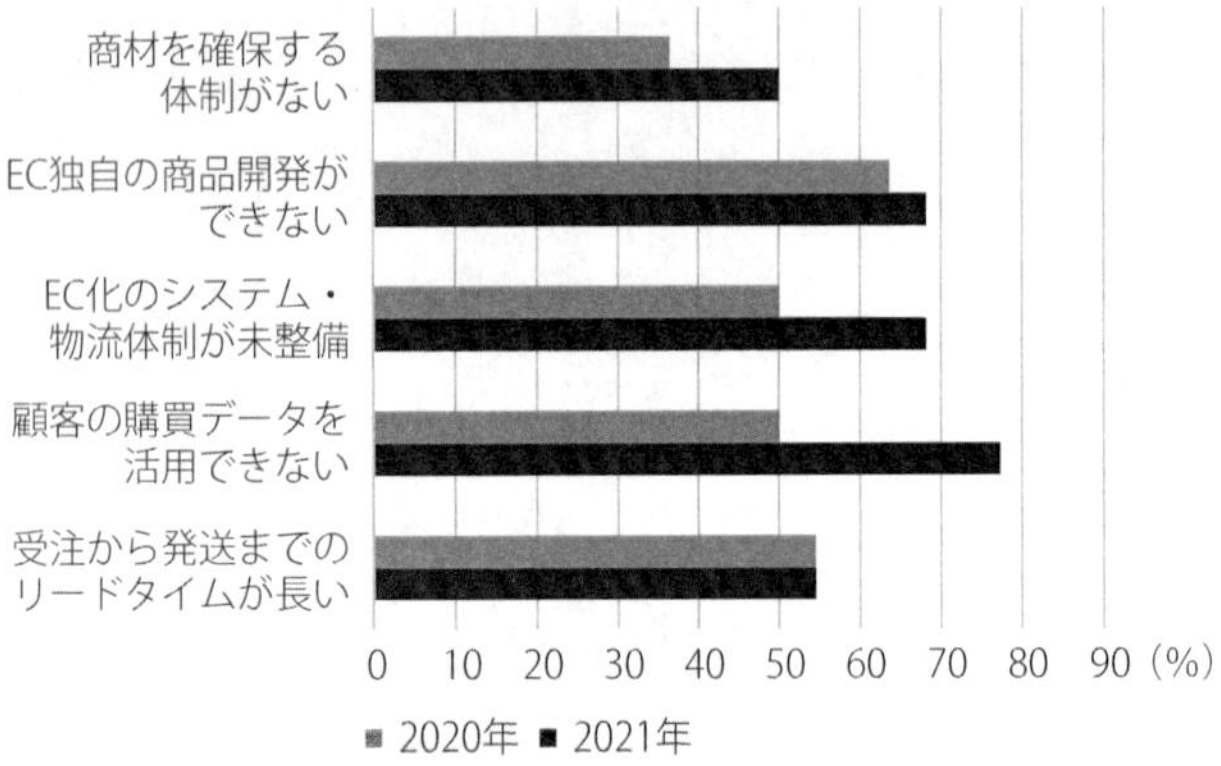

出所：日本百貨店協会編（2022, p.47）を一部修正。

ならないであろう。

いずれにしても、リアルが主体の百貨店においては、店頭とECを連携させるオムニチャネル化、O2O（Online to Offline）などといった施策実行の必要性の観点からも、一定程度の「ECに関わる取組み」が急がれることはいうまでもないであろう。

しかし現状はというと、日本百貨店協会による百貨店各社へのアンケート調査結果である、図表6－8「EC運営上の課題（複数回答）」からも明らかなように、まだ心もとない状況といえよう。

これらの状況を裏付けるように、BtoC物販市場の平均EC化率8・78％（注3）に対して、図表6－9「全社売上に対するEC売上比率」

図表6－9　全社売上に対するEC売上比率

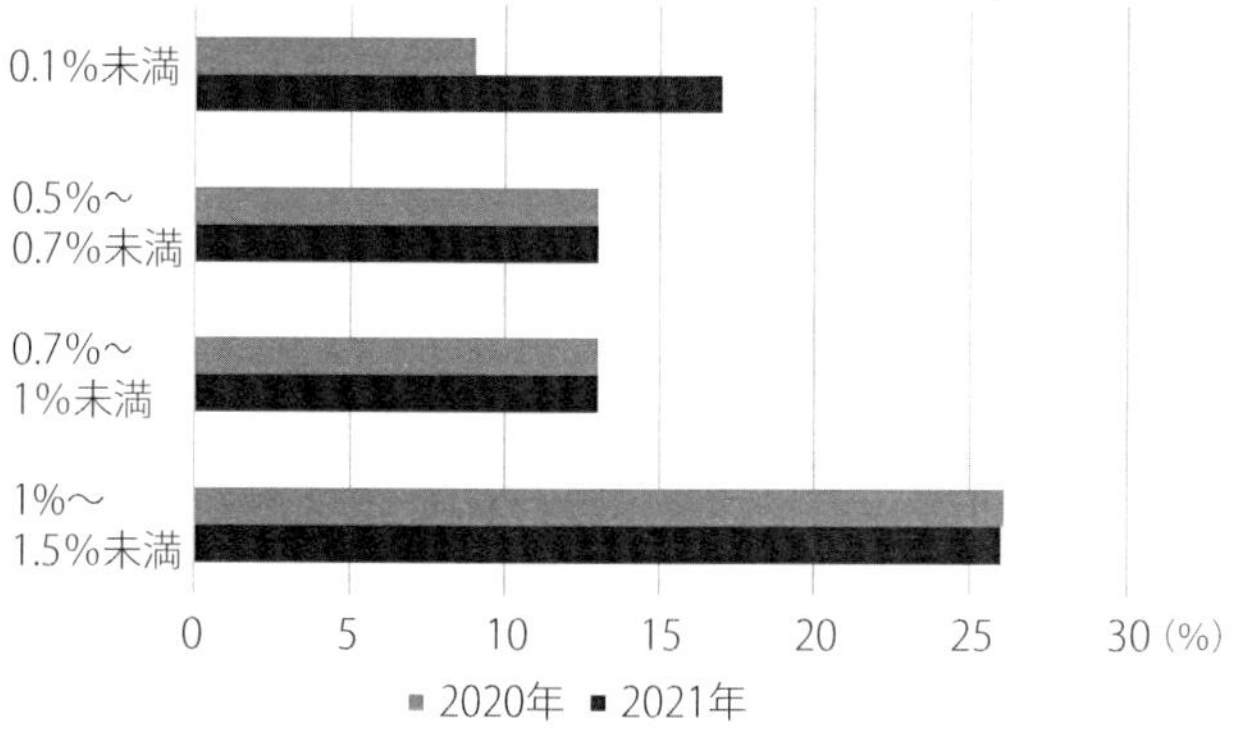

出所：日本百貨店協会編（2022, p.31）を一部修正。

をみてわかるように、百貨店のEC化率はまだ低い水準といえ、アプリ経由のオンラインストア利用などは伸びているものの、全体的にみて百貨店の「ECに関わる取組み」は、まだ道半ばといわざるをえないであろう。

4　むすびにかえて

ここまでに百貨店経営における歴史的な側面もみつつ、経営的方向性まで考察してきたが、近年の日本の百貨店を語るうえで、委託仕入、売上仕入（消化仕入）という日本独特の百貨店ビジネスモデルにふれることなく、近年の日本の百貨店経営について論じることはむずかしいと、あらためておもわざるをえない。

くわえて委託仕入、売上仕入（消化仕入）といった「商品在庫（売れ残り）リスクを負わない仕入形態」を主な仕入形態として40年近くにわたって採用してきたという事実からは、今日の百貨店構成員である、社員から役員までほぼ全員にとってこれらの仕入形態は、1つの暗黙知ともなっているのではないだろうか。ただし念のため断っておくが、委託仕入、売上仕入（消化仕入）といった「商品在庫（売れ残り）リスクを負わない仕入形態」が悪いといっているのではなく、メリット、デメリットがあるとあらためて強調しておきたい。

商品在庫（売れ残り）リスクを負わない仕入形態を、うまく使いこなしていれば問題はなかったとおもうが、企業文化への影響の配慮が足りなかったのではないだろうか。換言すれば本来、「顧客第一」として、百貨店構成員にとって行動規範となる価値体系の頂点に「顧客」がいなければならなかったが、必ずしも十分ではなかったことが示唆される。

納入業者依存、ＭＤ力の低下、価格決定権の喪失、低収益体質、売場構成の同質化といった指摘にくわえて、顧客の支持度ともいえる業績の低迷に歯止めがかかっているとはいいがたいであろう。百貨店構成員の方々に「顧客第一」かと問えば、おそらく全員が顧客第一で仕事をしていると答えられるであろうし、実際そうであるとおもう。しかし顧客第一が行動規範として十分に機能していたかというと、現実的にはそのような結果になっていないようにみられてしまうことを、構成員一人一人が受け入れ、今一度、見つめ直すところから企業文化の変革が始まるのではないだろうか。

第5章でもふれた「変革のモデル」での、Schein（2018, p.105）のいう「否定的確認」である。「否定的確認」はいくつかに分類されるが、当てはまるとおもわれるものとして、

・経済的脅威－自分たちが変わらない限り、競争に負け、市場占有率を落としたり、その他の損失を被ったりすることになるだろう。

もう1つは、Kotter（2019. p.4）のいう「緊急課題であるという認識の徹底」である。

こうした認識が百貨店構成員の間で共有されない限り、企業文化の変革はむずかしいであろう。また「組織は戦略に従う」、されど「戦略は組織に従う」である。本書で示した百貨店の経営的方向性に沿って戦略を立て、実行したとしても、経営組織の問題が認識されていない戦略であれば、仮にうまくいったとしても、限定的な成功にとどまる可能性が高いであろう。

企業文化の変革失敗の理由として、多い順番から「社員の変化不足（39％）」、「経営陣の変化不足（33％）」があげられ、この2つだけで過半数に達している。具体的には、絶対にあきらめず、やり抜く意識の欠如、変革プログラムの失敗である。変革プログラムの失敗とは、たとえば低すぎる目標、現場の軽視、マインドセットの軽視、能力開発の軽視などがあげら

れる（黒川他編2022、191頁）。

企業文化変革の方向性の明示、すなわち「顧客視点を最優先」と、経営的方向性としての具体策、両方を同時に掲げて辛抱強く、かつ着実に推進していく必要があるといえよう。経営的方向性としての具体策を実行し、成功事例を積み上げていくなかで、企業文化の変革が経営組織に浸透していくことで、より確かなものになっていくものとおもわれる。

長い歴史を誇り、とりわけ近年での高度成長期、バブル期での大きな成功体験をもつ百貨店の企業文化変革は困難が予想される。しかしたとえ百貨店の定義が変わることになったとしても、昭和初期にみる百貨店同様、この困難を超えていくしかないであろうし、超えていくことで百貨店がこれまで以上に、人々にとってなくてはならない存在となることを期待したい。

【注】

（1）IDC Japan 株式会社「用語解説一覧」（https://www.idc.com/jp/research/explain-word　2023年3月28日アクセス）

（2）百貨店とショッピングセンターにおけるビジネスシステムの比較考察については、池澤威郎（2013）「百貨店とショッピングセンターの取引システム：品揃え総合化のための「使い分けモデル」」『流通』（33）が詳しい。

（３）経済産業省「令和３年度デジタル取引環境整備事業（電子商取引に関する市場調査）」（https://www.meti.go.jp/press/2022/08/20220812005/20220812005.html　２０２３年４月６日アクセス）

参考文献

大甕　聡&未来ＳＣ研究会（２０２１）『突破するＳＣビジネス』繊研新聞社。

黒川通彦・平山智晴・松本拓也・片山博順（２０２２）『マッキンゼーが解き明かす生き残るためのＤＸ』日経ＢＰ。

鈴木敏仁（２０２２）『アマゾンＶＳウォルマート』ダイヤモンド社。

坪井晋也（２００９）『百貨店の経営に関する研究』学文社。

坪井晋也（２０２１）「百貨店」坪井晋也・河田賢一編『流通と小売経営』創成社。

日本ショッピングセンター協会編（２０２２）『ＳＣ白書　２０２２』。

日本百貨店協会編（２０２２）『２０２１年版　百貨店ｅビジネス白書』。

Kotter, J. P.（1995）Leading Change: Why Transformation Efforts Fail, Harvard Business Review, March-April.（ＤＩＡＭＯＮＤハーバード・ビジネス・レビュー編集部訳（２０１９）『企業変革の教科書』ダイヤモンド社）.

Schein, E. H.（2009）The Corporate Culture Survival Guide: New and Revised Edition, John Wiley & Sons.（尾川丈一監訳（２０１８）『企業文化』白桃書房）.

あとがき

本書は拙著『百貨店の経営に関する研究』（２００９）学文社、をベースとしていて、企業文化という概念を用いて百貨店経営不振の本質を論じている。こうしたアプローチを採用している研究者は比較的少ないといっていいかもしれない。しかし今回、企業文化という概念を用いて本書を執筆する際、とくに注目した文献が2つあげられる。

１つは本文中の第5章でも紹介しているが、ＤＩＡＭＯＮＤハーバード・ビジネス・レビュー２０１９年7月号（36－47頁）で、インタビュー形式で丸井グループの企業変革の経緯について述べられているものである。丸井グループ　代表取締役社長　代表執行役員ＣＥＯ　青井浩氏による企業変革の事例では、実際に企業文化変革の必要性を掲げ、その変革を実行され、その効果が業績にも表れる形となっている。これらの事例からは、企業文化という概念を用いたその妥当性を、一定程度担保しているという意味において、注目するものである。

もう1つは、本文中の第3章でも紹介している、J．フロントリテイリングの元会長兼CEOである奥田務氏の著書（2014）である。企業文化にふれている部分（282－283頁）を抜粋すると、

『・・・。経営者の仕事とは、常に変化と戦うことです。ピンチの裏には必ずチャンスが潜んでいます。経営改革とは、行き着くところは時代や消費者の変化を先取りし、企業のあり方や「企業文化」、そこで働く人々の意識と行動を変え続けていくことなのです。』

とあり、市場の変化に対応すべく、企業文化変革の必要性を説いているといえよう。実際に百貨店経営に携わってこられた方の企業文化に関する知見として、たいへん重く受け止めている。

これらの文献は、拙著『百貨店の経営に関する研究』（2009）学文社、が刊行されたあとに発表された文献であり、今回、本書を執筆する際、これらの文献を参考、引用できたことは筆者にとって幸いであったとおもう。

本書ができるまでには、多くの方々からご指導、ご協力をいただいた。

筆者のゼミでは地域貢献をも目的とした、フィールドワークによる実務経験に重点をおい

ていて、このフィールドワークは、筆者においても実務感覚をキープして本書の執筆に取り組めたという点において有益であった。このフィールドワークが、松坂屋静岡店、ピーターパン静岡（パン屋）、おやいづ製茶、さらに静岡市内ショッピングセンターなど多くの地元、静岡の協力企業に支えられ成り立っていること、この場を借りてお礼申し上げたい。また、このフィールドワークに真摯に取り組んでくれたゼミ生たち全員の活躍もここに記しておきたい。そして今回、協力企業である松坂屋静岡店の木庭英之氏に協力いただけたことにより、本書第4章を執筆できたこと、心より感謝申し上げたい。

最後に、本書の当初刊行予定は2022年3月であり、そこから1年以上も遅れてしまったが、その間も助言等さまざまな形でサポートしていただいた、創成社、西田徹氏に感謝の意を表したい。

坪井晋也

2023年夏

《著者紹介》

坪井晋也（つぼい・しんや）

横浜国立大学大学院国際社会科学研究科博士課程後期修了

博士（経営学）

常葉大学経営学部特任教授

（検印省略）

2023年7月20日　初版発行　　略称 — 百貨店

百貨店経営

—再生への道標—

著　者　坪　井　晋　也

発行者　塚　田　尚　寛

発行所　東京都文京区
春日２－13－1　株式会社　創　成　社

電　話　03（3868）3867　　ＦＡＸ　03（5802）6802

出版部　03（3868）3857　　ＦＡＸ　03（5802）6801

http://www.books-sosei.com　振　替　00150-9-191261

定価はカバーに表示してあります。

ISBN978-4-7944-5073-9 C0236

Printed in Japan

組版：スリーエス　印刷・製本：

落丁・乱丁本はお取り替えいたします。

創成社新書

創成社刊